FARRIIN

FARRIIN
KU: *Hablaha Muuminiinta*

Qoray
**DR. SHEEKH
MAXAMED SICIID
RAMADAAN AL-BUUDI**

Tarjumay
MAXAMMED GAANNI

LOOH PRESS

1446/2024

LOOH PRESS LTD.

Copyright Maxammed Gaanni 2024
Dhowran Maxammed Gaanni 2024
First Edition, First Print July 2024
Soo Saariddii Kowaad, Daabacaaddii Kowaad Yuulyo, 2024

Looh Press Ltd.
56 Lethbridge Close
Leicester, LE1 2EB
England. UK
www.LoohPress.com
LoohPress@gmail.com

| **Naqshadaynta (Typesetting)** | Kusmin (Looh Press) |
| **Galka (Cover)** | Maxamed C. Cartan (Looh Press) |

Cinwaankan wuxuu ka diiwan geshanyahay Maktabada Birittan
A catalogue record of this title is available from the British Library.

ISBN: 979-8-9897328-3-8 | Gal khafiif (Paperback)

Waxaan ku bilaabayaa magaca
Allaha naxariista badan, uumiyaha oo
dhan ku gallada inta dunida guudkeeda la joogo,
adoommadiisa suubbanna aakhiro ku gooni yeela.

TUSMO

HIBAYN

Waxaan turjumidda buuggaan u hibaynayaa oo aan isleeyahay ku qir abaalka uu maankayga gashaday sheekh Buudi intii uu noolaa-walow aanan hor fariisan, iyo dhimashadiisii ka dib. Haddii uu macallin ku hor fariisto oo uu abaal mug leh ku gashado, waxaan asna ka dhicin oo weliba ka sii sarreeya macallin qalinkiisa kuu gu dhiteeyay xaashi aan asaga la dhimanayn, in aad xaqiiqada ogaatana jidkeedii sidaa kaaga caawiyay. Waxaan qirayaa in uu ahaa macallin jiil kacay, kacaamaya iyo mid soo curan doonaba. Waxaan u hibaynayaa oo aan hadyad uga dhigayaa in dhigaalkiisii uu ummadda soomaaliyeed afkooda ku soo gaaro, xaqiiqadii iyo eraygii uu dartii u shahiidayna in aanay dhiman caddayn kale u ah.

Naxariistiisa Ilaahay ha ku sooro asaga iyo

shuhadadii faraha badanaa ee ay dhagarqabayaas-hu u dileen si aanay xaqa iyo xaqiiqadu u kor noqon, balse waxa keliya ee ay sameeyeen ay ahayd in ay jiilka nool iyo kuwa soo dhalan doonaba baraan in xaqu u baahan yahay nafhur, qiimihiisuna uu qaali yahay jeer aawadii nafta iyo dunida loo ga tanaasulo!

HORDHACA TURJUMAANKA

Wax badan oran mayo, hadal gaaban oo murti ka buuxdo, xaqa iyo xaqiiqadana aan baalmarsanayn waxaa imminka inoo ku filan farriinta uu buuggaani u wado habalaha muuminiinta iyo sidaa oo kale ragga oo ah lammaankooda aanay dunida iyo dambaysadaba ku ka la harayn. Hal baan se is iri ka la hordhac oo sii baraaruji inta aan buugga loo dhaadhicin. Hal ila qumman in uu akhristuhu u dhug yeesho, mar walbana uu maanka ku hayo. Hal ay tahay in muumin walba garwaaqsado, falkiisa, eraygiisa, fekerkiisa, doonistiisa, dookhiisa, iyo doorashadiisaba ay tahay in uu ku laro oo ay ku mataansanaato. Hal lamahuraan ah, muuminkana xujo hortaalla tan ugu adag ah.

Wax kale ma aha e, waa garowsiga addoonnimada

iyo in aanay uunku Alle ka xoroobin, khasab iyo doorashaba ay mar walba yihiin addoommadiisa uu ka yeelayo sidii uu asagu doono. Mar haddii uu qofku muumin yahay, wax baa dabra, joojiya, dira oo haga. Diidis iyo yeelisba waxaa jiheeya oo uu u seetaysan yahay Xaqu [Eebbe] waxa uu gooyay in ay xaq yihiin, qayrkoodna baadil. Waxa qofka faran oo uu addoon ku yahay waa dabridda doqonnimada naftiisa iyo u hoggaansanka xaqiiqada hufan ee ka xaaran hunguriga nafta iyo hanqaltaaggeeda. Waxaa qofka faran in uusan nolosha ku sargoyn, qiimaha waxa uu qabanayana uusan ku cabbirin keliyaata dunida iyo birbirkeeda e, uu maanka iyo lubbiga ba ku hayo in hayaan loo yahay aakhiro iyo horjoogsiga Ilaahayga uunka oo idil xisaabinaya. In uu taa u tooghayo, naftana uu ku toosiyo wax maanta iyo maalintaaba uu ku naalloon karo, shallayto iyo qoomama na aan ku keenin ayaa faran, addoonnimadiisa xaqeedana uu ku gudan karaa.

Waxaa jira soo na jiray waayo badan duul xaqa ka bayray, dadkana in ay ka leexiyaan u taagan. Waxay iska dhigaan qof kuu damqaday, dantaadana u heellan, baaqiisuna uu mar walba u eg yahay wax adiga la guu diyaariyay, daacadnimana la guu gu sheegayo. Waa sidaa oo waa muush in baadilku yeesho buun qaylo dheer iyo aftahan sheeko xariiro miiran ah. Waxa uu xaqu xaq ku yahay, baadilkuna baadil waa in ay yihiin masiirka uu qofi ku doorto halka uu ku dambayn doono, qiyaamahana uu mari doono. Xaqu hawada ma raaco, baadilkuna wax aan ayada ahayn u ma uu adeego. Ilaahay waxa uu yiri:

$$\text{وَلَوِ ٱتَّبَعَ ٱلْحَقُّ أَهْوَآءَهُمْ لَفَسَدَتِ ٱلسَّمَٰوَٰتُ وَٱلْأَرْضُ وَمَن فِيهِنَّ ۚ بَلْ أَتَيْنَٰهُم بِذِكْرِهِمْ فَهُمْ عَن ذِكْرِهِم مُّعْرِضُونَ ﴿٧١﴾}$$

Haddii uu xaqu raaci lahaa hawadooda, waxaa fasahaadi lahaa cirka, dhulka, iyo waxa ku dhaqan, iskaa daa [xaqu in uu uu raaco hawadooda e] waxaannu u keennay waanadooda, ayaguna waxay keliya ka jeesteen waanadoodii (71). Suuradda al-Muuminuun

Sidaa darteedna waxaa muuminka la gudboon in uusan dadka oo dhan u wada qaadan kuwo hanuun la raba, uu na ke digtoonaado oo Nebiga N.N.K.H ayaa ba la gu yiri iyada oo innagana la inoo digayo:

$$\text{وَإِن تُطِعْ أَكْثَرَ مَن فِى ٱلْأَرْضِ يُضِلُّوكَ عَن سَبِيلِ ٱللَّهِ ۚ إِن يَتَّبِعُونَ إِلَّا ٱلظَّنَّ وَإِنْ هُمْ إِلَّا يَخْرُصُونَ ﴿١١٦﴾}$$

Haddii aad addeecdid badi dadka arliga ku sugan waxa ay kaa luminayaan jidka Alle, wax aan male ahaynna ma raacayaan; wax aan been iyo male ahaynna ma ay hayaan (116). Suuradda al-Ancaam

Waxaa ka le oo uu Ilaahay yiri:

أَلَمْ تَرَ إِلَى ٱلَّذِينَ أُوتُوا۟ نَصِيبًا مِّنَ ٱلْكِتَٰبِ يَشْتَرُونَ ٱلضَّلَٰلَةَ وَيُرِيدُونَ تَضِلُّوا۟ ٱلسَّبِيلَ ﴿٤٤﴾

'Bal ka warran kuwa kitaabka qayb la ga siiyay ee baadida iibsanaya, doonayana in aad jidka ka luntaan'(44). Suuradda al-Nisaa'

Waxaa ka le oo uu Ilaahay yiri asaga oo si adag u la hadlay Nebiga N.N.K.H oo innaga inoo ah digniin aad u culus:

وَإِن كَادُوا۟ لَيَفْتِنُونَكَ عَنِ ٱلَّذِىٓ أَوْحَيْنَآ إِلَيْكَ لِتَفْتَرِىَ عَلَيْنَا غَيْرَهُۥ ۖ وَإِذًا لَّٱتَّخَذُوكَ خَلِيلًا ﴿٧٣﴾

وَلَوْلَآ أَن ثَبَّتْنَٰكَ لَقَدْ كِدتَّ تَرْكَنُ إِلَيْهِمْ شَيْئًا قَلِيلًا ﴿٧٤﴾

إِذًا لَّأَذَقْنَٰكَ ضِعْفَ ٱلْحَيَوٰةِ وَضِعْفَ ٱلْمَمَاتِ ثُمَّ لَا تَجِدُ لَكَ عَلَيْنَا نَصِيرًا ﴿٧٥﴾

'waxay ku sigteen in ay kaa fidneeyaan waxa aan kuu waxyoonnay si aad qayrkii noogu been abuurtatid oo ay jeerkaana kaa dhigtaan wadeey (73) haddii aannaan [xaqa] ku gu sugneenna waxaad ku sigan lahayd in aad in yar xaggooda u janjeersatid (74) haddii ay taasi dhici lahaydna waxaan ku dhadhansiin lahayn cadaabka nolosha iyo cadaabka dhimashada, ka dibna cid noo ga kaa hiilisa ma aadan hesheen (75). Suuradda al-Israa'

Sidaa darteedna, waxaa muuminka u taalla in uu Alle u hoggaansanaado, xaqana uu ku adkaysto inta uu dunida joogo oo sida la og yahayna uusan ka cayman karayn fidno iyo siibasho baadida iyo hawada naftu ay garwadeen ka yihiin. Qof walba oo Alle rumaysan marba haddii uu xaqu sidaa ugu caddaaday, wax cudurdaar ah u ma uu laha in uu ka weecdo, halaagga iyo dhibta uga timaaddana asaga uun baa kasbaday, naftiisana u qoolay. Ilaahay asaga oo Nebiga N.N.K.H la hadlaya, innagana inoo digaya ayaa uu yiri:

لَئِنِ ٱتَّبَعْتَ أَهْوَآءَهُم مِّنۢ بَعْدِ مَاجَآءَكَ مِنَ ٱلْعِلْمِ إِنَّكَ إِذًا لَّمِنَ ٱلظَّـٰلِمِينَ ﴿١٤٥﴾

'haddii aad hawadooda raacdid ka dib intii uu ogaalku kuu yimidna, hadde markaas waxaad ka mid noqotay daalimiinta' (145) Suuradda al-Baqarah

Waxa uu buuggaani dersayo waa xaqa xijaabka iyo dhawrsanida gabadha, waana halka ay sartu ka quruntay, dunida oo dhanna dalanbaabisay. Waxa uu ka hadlayo ma aha sida uu jecel yahay in ay gabadhu noqoto, sida ay jeceshay, sida aan jeclahay, sida aad jeceshahay, sida ay jecel yihiin iyo si walba oo uunku si uun iskood ah u jecel yihiin in ay gabari u lebbisato oo ay gurigeeda uga soo baxdo.

Sidaa awgeed marka aan akhrinayno buuggaan aan ku dul fakarno, daliilka eegno, sababta iyo xikmadda u dhug yeelanno, baadilka iyo dhagarta u daymo lahaanno, naska aayadda iyo xadiiska, ijmaaca iyo qiyaaska iyo maanka la gu laray ee aanay ka marnayn dhugashada danta adduun iyo tan aakhiro aan eegno. Aan hubsanno isbarbardhigga iyo tirooyinka aan tan iyo waagii la daabacay 1973-dii aan isbeddelin marka la ga reebo kororkooda dhanka tabnaanta, caddaymaha xaqana kaabaya. Aan eegno intaba! Nafaheennana aan weydiinno: muslimiin ma nahay? Haddii aynu nahayna maxaan doonaynaa, maxaa se ina la gudboon? Xaggee u soconnaa, ujeeddadeennu se maxay tahay?

Buuggaan waa buug yar oo ballaaran oo gundheer, qofkii xaq doonayana hagi kara, ku na filnaan kara. Haddii se ay dhacdo in aadan weli si buuxda u qancin, hadde buug ka weyn ayaa uu sheekha laftiisu ku qaabaadhigay masaladaan oo qofkii ay ku bargo'dayna waa uu raadsan kara kiisa kale ee carbiga ah, ingiriisna loo turjumay, si la mid ah sida uu u eegi karo buugaag badan oo ay qoraayo kale masalada lafteeda ku qaabaadhigeen.

Shifo ku afsaar oo shar kuu ma leh

SOOYAAL KOOBAN

*1*929M-1347H ayaa uu ku dhashay tuulo ku taalla jiinka webiga Dajlah, bar kulanka xuduudaha Ciraaq, Suuriya iyo Turkiga, Jilliika ayaana la yiraahdaa oo waxay hoos tagtaa jasiiradda ibnu Cumar ee loo yaqaan Buudaan, waana halka uu ka kasbaday naynaasta al-Buudi. Magiciisu waa Muxammad, sidaa oo kalana Siciid ayaa la dhahaa.

Aabbihi waa Sheekh Mulla Ramadaan, Eebbe ha u naxariisto e, waxa uu kasoo haajiray Jilliika, ka dib markii Ataaturki bilaabay gumaynta diinta Islaamka iyo muslimiinta.

Aabbihi waxa uu ahaa caalim weyn, diinta iyo cilmiguna ay agtiisa qiime weyn ku lahaayeen, inankiisa Muxammadna waxa uu yaraantiiba geeyay iskuul dugsiga hoose ah, ku na yiil Dimishiq, intaa uga ma uusan harin e, waxa uu guriga ku siin jiray duruus badan, cilmiga iyo aaladihiisana waa uu baray, asaasiyaadka oo dhanna waa uu ka dhisay.

Ka dib markii uu dhammeeyay dugsiga hoose ayaa Mulla Ramadaan-Allaha u naxariistee, uu ku daray Jaamica Manjik ee uu dadka wax ku bari jiray caalimkii weynaa ee reer Suuriya, Sheekh Xasan Xabannikah Al-Maydaani. Asaga oo ka warramaya maalinkii aabbihi halkaa geeyay ayaa uu yiri 'maalin ayaa aabbe ii yimid, ka hor inta uusan igu darin macadka al-Tawjiih al-Islaami, aniga oo noqday ardaygii ugu yaraa ee la geeyo. Aabbe asaga oo ii tilmaamaya himilada uu iga qabo iyo halka uu ila rabo ayuu igu yiri: wiilkaygoow, waxaad ogaataa, haddii aan ogahay in dariiqa ku gaarsiinaya Ilaahay raalli ahaantiisa uu yahay jidka oo la xaaqo, waxaan kaa dhigi lahaa qashin qaade, balse markaan fakaray ka dib, waxaan hubsaday in: dariiqa Ilaahay raalligelintiisa ku gaynaya uu yahay in aad Ilaahay iyo diintiisa baratid; sidaa darted, waxaan go'aansaday in aan jidkaas ku mariyo. Ka dib waxa uu igu adkeeyay oo uu in badan ku celceliyay in yoolkayga cilmi barashadu uusan noqon in aan shaqo ama shahaado ku helo'.

Intii uu ku jiray madarasadaas ayaa uu jeclaaday diraasaynta suugaanta carabiga, asaga oo isla waayahaasba bilaabay in uu wax ka qoro. 1952 ayaa ay ahayd markii uu bilaabay in uu wax ku qoro jariidad ka soo bixi jirtay dalkaas oo la oran jiray "Majallah al-Tamaddun al-Islaami", waxa uuna qoray maqaal la oran jira "Amaamah Al-Mir'aah" [Muraayadda horteeda], wuxuuna sii waday ku qorista maqaallo suugaan ah. Balse dhabtu waxay tahay in shaqadiisa suugaaneed ee ugu weyni ay ahayd tarjumidda buug kurdi ah oo uu carabi ka dhigay, oo la dhaho Mam iyo Siin. Waa buug cajiib ah, qisadiisuna ay tahay jacaylka dhawrsoon, caadifad asturan oo qurxoon iyo oofin caashaq oo dhab ah. Waa mid ka mid ah buugagga naadirka ah ee sheekooyinka jaceylka ay dhawrsooni iyo qurux u dhan tahay lagu xardhay.

Lix sano oo ku ekayd 1953-dii ayaa uu kaga qalinjebiyay macadkii al-Tawjiih, oo xilligaas noqday macad akadeemi ah, oo diinta lagu barto. 1954 ayaa uu u baqoolay magaalada Qaahira, si uu u soo dhammaystirto heerarka tacliintiisa, asaga oo ku maqnaa Hal sano. Balse majallad la dhihi jiray al-Ayaam oo ka soo bixi jirtay Suuriya ayaa uu muddadaas ku qori jiray maqaallo suugaan ah, oo ay ciwaan u ahayd 'Min Asbuuc ilaa Asbuuc' .

1955-tii ayaa uu dib ugu soo noqday Suuriya isaga oo wata shahaadada ijaazada culuumta shraciga ah, ee kulliyadda shareecada al-Azhar. 1956-dii ayaa uu dibloomo barbaarinta ah ka qaatay kulliyada luqadaha ee al-Azhar.

1958-dii ayaa uu macallin maaddada tarbiyada

dhiga ka noqday magaalada Xumus, Suuriya.

Kulliyadda shareecada ee jaamicadda Dimishiq ayaa uu ka noqday macallin ku celiye ah, dabeetana jaamicadda ayaa u dirtay Qaahira, si uu uga soo qaato shahaadada sare ee PhD, asaga oo ku diyaariyay buugga la yiraahdo "Dawaabid Al-Maslaxah Fil-Shariicah Al-Isaamiyah' [Dabarrada ay shareecadu u dhigtay Masaalixda], waxa una ku mutay martabo sharafeedda ugu sarraysa iyo oggolaanshaha in buugga la daabaco oo la faafiyo, sannadkii 1964.

1965-tii waxa uu macallin ka noqday jaamicadda Dimishiq, ka dibna caawiye bare-sare, ka dibna waxa uu noqday bare-sare.

1975-tii waxa uu wakiil u noqday kulliyadda shareecada, 1977-dii waxa uu noqday dhiinka kulliyadda, deetana waxa uu madax ka noqday qaybta caqiidooyinka iyo diimaha ee jaamicadda Dimishiq.

1981-dii wixii ka horreeyay waxa uu ku koobnaa duruusta akadeemigga ah iyo laba dersi oo asbuucle ah oo uu ka bixin jiray masjidka al-Sanjiqdaar ee Dimishiq, duruustaas waxay dhallintu uga iman jirtay Dimishiq iyo hareeraheeda, ka dibna ciriirga dartii ayaa loo wareejiyay masjidka Tankis, deetana masjidka weyn al-Iimaan. Balse wixii xilligaas ka bilaabmay illaa geeridiisa waxa uu lahaa duruus uu si guud u bixin jiray. Badi duruustii taxanaha ahayd ee uu masaajidka Al-Iimaan ka bixin jirayna, waa kuwo la duubay, oo laga heli karo http://www.naseemalsham.com/ar/home.php iyo Youtube.com.

Si la mid ah mawqifkii uu ka qaatay dagaalladii fitnada ahaa ee dalka Aljeeriya ayaa uu dagaalka Suuriyana uga qaatay mawqfi ah in uu fidno yahay, ayna tahay in laga dheeraado, jihaad iyo wax u dhaw toonnana aanay ahayn. Berigii Aljeeriya ayaa uu qoray kitaabkiisa caanka ah ee "al-Jihaad fil islaam", waxa uuna culumo badan ka ga mutay dhaliilo iyo geedafayn, waxayna soo saareen bayaan ay ku dhaleecaynayaan, balse saddex sano ka dib ayaa ay culumadii bayaankaas soo saartay ay qaateen mawqif la mid ah kii uu ka qaatay dagaalkaas.

Fidnada Suuriya, wuxuu ku mutay wax ka sheeg badan intii uu noolaa iyo ka dib geeridiisii. Waa gar oo xilli fidno ayaa la gu jiraa, ka shaqsi ahaanna waxaan la socday dalkaas, dhibtiisa iyo mawqifkii sheekha intaba, waxaana ka dheehday duruustiisa iyo khudbadihiisaba wacyi iyo ku baraarug fidnada dalkaas la la maagay oo uu lahaa, in uu nacayb u qabay daadinta dhiigga iyo baraarujin ku socotay dawladda iyo mucaaridka iyo hadallo murtiyaysan oo caqli celin ah.

Golayaal uu ka tirsanaa iyo Shirar uu ka qeyb galay:

- Wuxuu ka qaybgalay shirar badan oo carbeed iyo kuwa caalami ah, waxaana ugu caansanaa "kulammaddii fikriga islaamiga ah" ee dalka Aljeeriya lagu qaban jiray sannadihii 1968-kii illaa 1990-kii.

- Waxa uu muxaadarooyin ka jeediyay dawlado badan oo carbeed iyo kuwo reer galbeed, waxaana ugu caansanaa muxaadaradii ka hadlaysay "xuquuqda dadka laga tirada badan yahay ay ku leeyihiin islaamka" ee uu ka jeediyay baarlamaanka midawga Yurub hortooda, 1991-dii.

- Majmaca Fiqiga Islaamka ayaa uu la taliye ahaan ula shaqeeyay.

- Hay'adda xisaabtanka iyo dabagalka ee mu'assasadaha maaliyadeed ee islaamiga ah ayaa uu ka noqday xubin.

- Jamciyadda nuurka islaamka ee galbeedka Faransiiska ayaa uu xubin ka noqday.

- Mu'assasadda Daabah ayaa uu ka noqday xubin.

- Waxa uu ahaa kormeeraha guud ee masjidka Jaamic al-Umawi ee Dimishiq.

- Waxaa loo magacaabay xubin ka tirsan golaha sare ee akadeemiyadda Oxford.

- Waxa uu xubin ka noqday majmaca boqortooyada ee cilmi barista ku aaddan ee xadaaradda islaamka ee Cummaan.

- Waxaa la siiyay abaalmarinno caalami ah oo ay ka mid tahay "abaalmarinta Dubai ee shaqsiga sannadka 2004".
- 2012-kii, waxa uu markaska boqortooyada islaamiga ah ee diraasaadka istaraatijiyadda ee Urdun uu u doortay martabada 27-aad ee 500 ee shaqsi ee dunida ugu saamaynta badan sannadkaas.

Barnaamijtiisa Idaacadaha iyo taleefishinnada:

Waxa uu lahaa duruus la ga baahin jiray idaacadda Dimishiq iyo taleefishinno, waxaana ka mid ahaa:

- Maca al-Buudi fii qadaayaa al-Saacah, 13-xalaqo, barnaamij taleefishin, oo geeridu haleeshay saddex saacadood ka dib markii la duubay xalaqada u dambaysay.
- Maca al-Buudi fii xayaatihii wa-fikrihi, 29-Xalaqo, Barnaamij taleefishin.
- Al-Jadiid fii icjaaz al-Qur'aan.
- Al-Islaam fii miizaan al-Cilmi.
- Mashaahid wacibar min al-Qur'aan wal-Sunnah.
- Diraasaat Qur'aaniyah.. 25-Sano ayaana uu barnaamijkaan baahinyay.

Buugtii uu qoray:

Wuxuu qoray buug badan oo la sheego in ay

kor u dhaafayaan lixdan, dhammaantoodna waxay ahaayeen kuwo uu ku daafacay diinta Islaamka, si adag uu ugu la doodAY reer gakbeedka iyo sheegato islaam, daahana uu ka ga qaaday baadil tiro badan. Waxay u badnaayeen caqiido iyo falsafad, balse fiqiga, fiirada, hagaajinta nafta iyo difaacista axaadiistuba kama aanay marnayn qoraalladiisa.

🖊 Tilmaan kooban:

Dhammaan dadkii yaqaannay, kuwii jeclaa, kuwii necbaa, kuwii taageeray iyo kuwii ka soo horjeedayba-marka laga tago masalooyinka la'isku khilaafay, waxay wada qirsanaayeen in uu ahaa: addoon cilmi badan, saahid ah oo aan aduunka maal ka kasban, gaari xarrago iyo guri qurxoon aan ka samaysan, cibaado badan oo Alle ka cabsi leh. Waxa uu can ku ahaa dhiirrigelinta xuska Ilaahay, wuxuuna in badan wadaaddada ku dhaliili jiray ku koobnaanta cilmiga wardi la'aanta ah. Waxaa lagu arki jiray oohin, Alle bari iyo khushuuc joogto u ahayd. Halka qoyskiisuna tilmaameen in ay lahaayeen wardi shaqsi ah iyo mid wadajir ah weligood.

Waxa uu ku guursaday toban iyo siddeed jir, waxa uuna dhalay lix wiil iyo hal gabar. Balse mar ayaa uu xaas kale guursaday sheekhu, nasiib-darro se, way dhimatay, waxaana jiray maqaal cajiib ah oo uu ka qoray jaceylkii uu u qabay, maqaalkaas oo ku dhex xusan buuggiisa "Min Al-Fikri Wal-Qalbi" ciwaankeeduna yahay "Sawjatii Amiirah", bilo ka dibna xaas kale ayaa uu guursaday.

Sheekhu waxa uu si aftahamo badan ugu hadli jiray Carabiga iyo Kurdiga, halka uu af Turkigana si wacan u yaqaannay, waxaana barashadiisa u sahlay aabbihi oo guursaday gabar Turki ah markii ay hooyadi dhimatay, asaga oo jira toban iyo saddex sano. Afka ingiriiiiskana waxbaa uga bilownaa.

Dacwada Islaamka iyo barashada diinta Ilaahay, waxa uu ka qaatay kaalin mug iyo miisaan leh oo aan marna la dafiri Karin. Ayna u qireen culumada iyo waxgaradkuba.

Maalin Khamiis ah oo habeenkii Jimce soo galayo, 21-kii Maarso, 2013M/ 6-dii Jamaadil-uulaa, 1434H ayaa asaga oo Masjidka al-Iimaan ku aqrinaya tafsiirka Quraanka, Suuradda aala-Cimraan, waxaa isku qarxiyay naftii-halake-eye arxan daran oo galaaftay nolosha siddeetan iyo afar jir cilmi iyo nuur ku gaboobay iyo ku dhawaad konton arday, halka ay ku dhaawacmeen siddeetan iyo dhawr qof oo malaha ay qaarna dhaawicii u dhinteen. Waxay ahayd khaatimo wanaagsan oo ay shuhadadaasi heleen iyo eel iyo utun ummadda islaamka taariikhdeeda meel xun ka gashay.

Allaha u naxariisto Addoonkaas iyo Inta la dhimatay oo uu ku jiray Axmed oo ahaa wiil uu dhalay curadka sheekhu lana yiraah Dr. Muxammad-towfiiq.

Xigasho:

1. www.naseemalsham.com
2. Barnaamij taleefishin: Maca Al-Buudi Fii Xayaatihii Wa-Fikrih.
3. La socodkaygii min maalintaan bartay illaa geeridiisii iyo muraajacayntaydii joogtada ahayd ee dhaxalkii uu ka tegay.

Allaa waafajinta leh

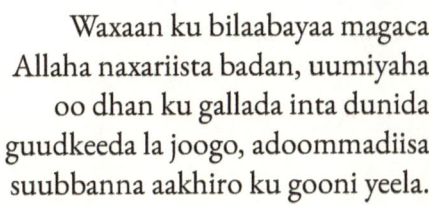

Waxaan ku bilaabayaa magaca
Allaha naxariista badan, uumiyaha
oo dhan ku gallada inta dunida
guudkeeda la joogo, adoommadiisa
suubbanna aakhiro ku gooni yeela.

Waxaan Ilaahay ugu mahdinayaa mahadnaq oofin kara galladihiisa, una beegtoomi kara siyaa-dooyinkiisa; Ilaahayoow adaa xumaan ka hufan, ammaantaada ma koobi karo oo waadd tahay sida aad isku ammaantay.

Ebboow salligaaga [naxariistaada] tan ugu fiican sii kan ugu dambeeyay ergadaada iyo nebiyadaad ee Sayidkeenna Muxammad ah iyo dhammaan asxaabtiisa iyo ehelkiisa.

Ilaahoow laabta ii waasici, arrimahayga ii fududee, iigu deeq nimcada Ikhlaaska, iga ilaali nafta iyo hawadeeda in aan ku fidnoobo, iga fogee sabbaaxatada Iblayska-cid gurmad iyo hiil fidisana adiga ayaa ugu wanaagsan e.

HORDHACA
SOOSAARISTII LABAAD

Badanaa wax dhib la moodo oo dheef leh, badanaa shaqo la qaban lahaa oo beddalkeed la fuliyay.

Qoraa la yaqaan ayaa waxa uu wargeys caana ku qoray wax uu dadka ugu yeerayo burbrurinta waxa ay shareecadu kala dhex dhigtay ragga iyo dumarka ee ah teedka ku gudban isdhexgalkooda iyo shareerrada is asturidda iyo xishoodka. Waxa uu arrintaa u soo uruursaday caddaymo uu filayay in uu fasiirkooda ku jiro mugdi iyo madmadow dadka ka jeedinaya xaqa ay sidaan.

Waxay taasi dhashay wax ka duwan wixii ay filanayeen sheekhaas iyo majalladii u qortay ee u faafisayba.

Waxaa ka daran in ay tani muslimiin badan ku baraarujisay gabboodfalkooda weyn iyo sahlashada amarrada Ilaahay ee arrintaan halista ah ku aaddan. Waxay tiro gabdho ah oo aad u badan ay u jeesteen [oo ay ku baraarugeen] xaqiiqada xukunka Ilaahay ee sugan, ee ku saabsan dumarka asturkooda, xushmaddooda iyo xiriirka ka dhexayn kara ayaga iyo ragga, waxayna si argagax iyo cabsi leh uga fiirsadeen halka ay taagan yihiin, iyo sida ay u kala durugsan yihiin ayaga iyo fagaaraha islaamka iyo meegaarka anshaxa islaamka.

Qorayaasha muslimiintu-Ilaahay waafajinta ha u kordhiyo, ajarka iyo abaalgudkana ha u weyneeyee, waxay faafiyeen cilmibaariso iyo buugaag si ay u caddeeyaan xaqa ay dhigayaan kitaabka Ilaahay iyo sunnada Ergayga Ilaahay N.N.K.H, ayna isku raacsan yihiin imaamyada muslimiintu, ee arrintaan ku saabsan, buuggaanina waa uun ka qaybqaadasho.

Durba waxaa soo ifbaxay raadka isugu yeeridda xaqa oo waa la la falgalay, la la jaad noqday, oo xaggiisa ayaa loo weecday.

Mar walba, xaqu waxa uu leeyahay calaamad la gu garto oo uu ku hubsado qofkii daacad ka ah raadintiisa, ka na run sheega jihada uu fahmiddiisa u marayo. Baadilkuna mar walba waxa uu leeyahay qulqul iyo jiirajiirayn u muuqanaysa qofkii fiiro iyo fahmad leh, si kasta oo loo huwiyo hagoog xaq iyo hanuun ah.

Waligiiba waxa uu xaqu la hadlaa caqliga,

baadilkuna waxa uu isku dayaa asaga oo xaqa ka gambanaya in uu ka soo hoos duso waxyaabaha ay naftu ka hesho! Xaqu waxa uu dadka kula macaamilaa caddaymo iyo xujooyin xor ah, halka baadilku-si uu uga daadego nafaha dadka, uu u kaalmaysto [waxyaabo ay ka mid yihiin] sawirgacmeedyo jeesjees ah ama suuraxumayn been ah ama sawirro qaab daran! Waa laga yaabaa in uu xaqu ku yimaado qaab nafta ku culus, laakiin se waxa uu taa beddelkeeda ku summadan yahay in uu ka sarreeyo dan walba oo qarsoon ama baahi kasta oo dahsoon. Baadilka miyaa, waa suuragal in uusan nafta cusalyn laakiin se taa beddelkeeda waxa uu hoos ku wataa ujeeddo qarsoon oo uu ku gaarayo dhagar iyo khiyaano.

Waxa ugu culus ee baadilku leeyahay waa in qofkiisu isku aaddisanayo xujooyin uu og yahay in aysan ahayn wax ka badan iskayeelyeel iyo laaqid, uusan ka na daalin in uu hadalka iska keenkeeno oo uu u jeexjeexdo dhinacyo iyo qaabab kala duwan asaga oo quudarraynaya in ay dadku rumaystaan sida uu hadalka u dhigay, ayna uga dahsoonaato ujeeddadiisa qarsoon.

Milkiilaha joornaalku asaga oo difaacaya Sheekha saaxiibkii ah, falanqaynayana sababaha keenay falcelisyada tirada badan ee lagu deedafaynayay erayadiisa iyo fasiraaddiisa dhabannahayska ah ayaa uu yiri: waa qisooyin caadiyan ku adag in uu liqo qofkii ku barbaaray xijaabbada culus iyo qofkii rumaysan in xijaabku uu yahay soojireen'!

Ninku sidaa buu yiri, waxaadna mooddaa in uusan ogaynba lidkeeda oo ah in qisooyinka xijaabku ku culus yihiin qof ku barbaaray jawiga isdhexgalka qaabka daran ee rumaysan xaqnimadeeda iyo soojireennimadeeda.

Ninku ma uusan hilmaamin in uu difaacita-ankiisaan ku xoojiyo baalka farshaxamiistuha wax ku sawiro si uu ugu muujiyo afkaarta ugu cadcad ee ku jirta maqaalladiisa, waxa uu suuraysigiisa ka la soo baxay sawir gabdheed oo qaababka asturka iyo dhawrsanida ka haysata tan ugu foolxun ee ay naftu ka yaqyaqsoonayso, dhadhankuna uu ka maagayo. Waxa uu og yahay, sida uu qof kasta oo caqli lihi u og yahay, in farshaxamiistaha sameeyay sawirkaan, haddii uu doono uu madaxiisa ka allifi karo sawir gabdheed oo waxyaabaha la isku asturo ka haysata waxa ugu qurux badan ee ay abuurta fayoobi ay ka hesho, dookhana waafaqsan.

Walaalkayga akhristaha ahow: qofka awooda in malabka- oo ka mid ah waxyaabaha wanaagsan kuwooda ugu macaan ee ugu waxtarka badan, uu kaaga dhigo shay xun oo qaab daran, naftuna ay ka yaqyaqsoonayso, uu yahay qof ku xeelheer balaaqada iyo aftahamada, laakiin waxaan shaki ku jirin in uu xaqiiqada kaaga weecinayo liddigeed.

Qofka daacadnimada uu kuu hayo ay gayaysiinayso in uu ku gu baraarujiyo in koobkaas ashaqaraarka ah ee uu ku jiro cabbitaanka fudud ee macaan ay ku jirto sun kulul oo noloshaada halligi karta, waxa uu shaki la'aan kaa qadinayo raaxaysi dhow. Laakiin se caad ma saarna in uu yahay saaxiib daacad ah oo kaa istaahila gacaltooyo iyo qaddarin buuxda.

Intaa ka dib, waxaa xaqa guul ugu filan: in kumannaankii nuqul ee laga soo saaray buuggaan ay ku dhamamadeen afartii bil ee ku xigtay xilligii la soo saaray, in baahi dhab ah loo qabo in dib loo soo saaro, iyo in gabar walba oo garqaadanaysa ee rumaysan Ilaahay iyo Rasuulkiisa ay qiratay xaqa ku dhex jira kitaabka, yaysanba ku camal faline, waxayna dhaleecaysay baadilkaas ha ba u qafaalnaatee.

Dr.Muxammad Siciid Ramadaan al-buudi.

KU HABLAHA MUUMINIINTA

Waxaan uga jeedaa gabadha Ilaahay rumaysan, tan yaqiinsan jiritaanka Ilaaha keli ah ee aanay cidina asaga iyo sifooyinkiisa waxba la wadaagin, rumaysanna in keligi uu yahay kan waxtara ee aanay jirin cid kale oo waxtarta, iyo in uu yahay kan wax dhiba haddii uu doono ee aanay cid kale na wax dhibi karin. [Rumaysan] dadka oo dhan in ay xaggiisa u laabanayaan maalinta qiyaamaha ee shakigu uusan ku jirin, daahana uu ka qaadi doono wax kasta oo dahsoonaa ee asturnaa iyo xaqiiqo walba oo qarsoonayd. Waa maalinta shallayto iyo qoommamo ay haysato qofkii ku kadsoomay adduunyada, ku xadgudbay amarrada Ilaahay, waana maalinta farxadda iyo raynraynta uu ku jiro qofkii adduunka u fahmay sida dhabta ah ee uu yahay, ka na dhigtay kaalmo uu ku helo Ilaahay raalligelintiisa.

Waxba ku ma jabna in aanan u la jeedin tan Ilaahay maqashay ee aan waxbana ka fahmin, erayga 'iimanna' dhaxashay asaga oo ah halhays carrabka saaran, waxa uu xambaarsan yahayna aan hubsan jeer uu noqdo caqiido qalbigeeda ku jirta. Waxaa laga yaabaa in magaca Ilaahay uu carrabkeeda ku soo noqnoqdo labaatan jeer maalinkii, laakiin aanay hal marna bishii ama sannadkii ku baraarugayn awooddiisa weyn.

Haddii la xusuusiyo ama ay ku fakartana ka ma ay taqaan wax ka badan sida ay dhahaanba, in uu yahay xaqiiqo weyn oo qarsoon, sida Ether[1]-ka aysan ka aqoon wax ka badan in uu yahay sir

---

1 Cilmiga fiiskiska marka la joogo, Etherku waa maaddo la rumaysnaa in ay buuxiso hawada koonka. Qarnigii 17-aad dabayaqaadsiisina waxay qaar ka mid ah fiisikisyahannadu ay rumaysteen in ileysku uu ku socdo mawjado, waxayna ogaadeen in ay suuragal tahay in uu ileysku ku socan karo meelmaran [vacuum] oo artifishal ah iyo meelo maran ee hawada sare. Laakiin se waxay fasiri kari waayeen sida ay suuragal ku tahay in uu ileysku socdo xiriiriye la'aan [maaddo uu ka tuur dhex raaco]. Sidaa darteedna waxay ka soo qaadeen in uu jiro Ether xambaara ileyska, ahna maaddo ka duwan dhamaman maaddooyinka kale. Suuragal maaha in la arko, la dareemo ama la miisaamo. Waxaana la ga helaa meelaha maran, bannaanka sare iyo maaddo walba dhexdeeda.T/Internetka

qarsoon oo ka mid ah siraha koonka. Haddii etherka ay rumasan tahay uu agaasin ku leeyahay habdhaqankeeda iyo qaabka nolosheeda, rumays-naanteeda Ilaahayna awooddaa oo kale bay ku yeelan lahayd.

Iimaankaan oo kale lama yiraahdo iimaan, in looga jeedo u ekaysiin iyo maldahid mooyaane.

Iimaankaan oo kale qalbiga ma dhaxalsiiyo wax Alle ka cabsi ah, qofkiisana meelna u ma uu dhigo, waxna ku ma uu laha toosinta wax uun ka mid ah qaab nololeedka iyo habdhaqanka.

Iimaankaan raqiiska ah waxa uu si badan ugu firirsan yahay bulshooyin ku nool Yurub iyo daafaha Maraykanka, waxaana uu kuu muuqanaya asaga oo barbar socda wax walba oo bulshadaas la karkarayso ee leh : fasahaadka anshaxa, cabbursanida nafeed iyo ku maashoobidda aan kalareebka lahayn ee sakhradda nolosha maaddiga ah ee qalloocan.

Anigu se, waxaan warkayga uu buuggaani xambaarsan yahay u la jeedaa gabar walba oo Ilaahay rumaysan, iimaan ayadu ay si xor ah u dooratay, ka dhashay raalli ahaanta qalbigeeda iyo dareenkeeda nafeed, waxaana hubaa in bulshadeenna ay buuxdhaafiyeen hablo iimaankaan oo kale leh.

Waxaan u jeedsanayaa gabar walba oo gunta qalbigeeda ka rumaysan Ilaahay, si aan ugu dhaho:

Jiritaankeenna noloshaan waa dhab, dhabtana waa ay ka sii halis badan tahay! Haddaba, sawirashada cawaaqibkeedu yaanay kaa daahin nooc walba oo jaadadka soojiidashadeeda ka mid ah, liidashadeeduna yaanay ku hilmaansiin farabadnida kuwa baacsanaya. Ha illaawin in ay dadku xagga Ilaahay ugu ambabaxayaan saacad imtixaan ah ayaga oo og ama warmoog ah, waxaana la ga yaabaa in ay saacaddaasi dheeraato ama ay gaabato, laakiin se mar walba ka badan mayso saacad jirrab ah.

Mar haddii ka tallaabidda saacaddaa imtixaanka ah ay tahay qaddar si siman uga dhexeeya rag iyo dumarba, waxay haweenaydu ka ga duwan tahay ninka qaadista culays kale oo adduunka inta la joogo aad khatar u ah, aakhirana raad weyn ku yeesha!..

Haweenaydu in ay ragga la wadaagto ka tallaabista saacaddaas imtixaanka ah, waxaa u weheliya in ay isla ayadu tahay wax ka mid ah waxyaabaha la gu imtixaamayo.

Waxa keenaya waa in baahinafeeddu[2] haba ka la duwanaatee ay tahay sisibka imtixaan ee uu Ilaahay oogada adduunyada ku goglay. Haweenayduna-si-da Ilaahay caddeeyay oo quraanku si qayaxan u sheegayba, waa nooca ugu horreeya ee jaadadka

---

2 Shahawaad iyo hawo ayaan badi u adeegsan doonaa eraygaa.T

baahinafeedda. Miyaa uusan Ilaahay oran:

زُيِّنَ لِلنَّاسِ حُبُّ ٱلشَّهَوَتِ مِنَ ٱلنِّسَآءِ وَٱلۡبَنِينَ وَٱلۡقَنَطِيرِ ٱلۡمُقَنطَرَةِ مِنَ ٱلذَّهَبِ وَٱلۡفِضَّةِ وَٱلۡخَيۡلِ ٱلۡمُسَوَّمَةِ وَٱلۡأَنۡعَمِ وَٱلۡحَرۡثِ ذَٰلِكَ مَتَٰعُ ٱلۡحَيَوٰةِ ٱلدُّنۡيَا وَٱللَّهُ عِندَهُۥ حُسۡنُ ٱلۡمَئابِ ۝

'Waxaa [jinsiga] dadka loo qurxiyay jacaylka
baahinafeedda ee leh: dumarka[3], wiilasha[4], hantida badan
ee la uruuriyo ee leh dahab iyo qalin [silver], fardaha
wanaagsan [ama summadan], nimcoolayda [Geela, Lo'da,
& Ariga] iyo beero; taasi waa raaxada nolosha adduunkee,
Ilaahay agtiisa ayaa uu hoy wanaagsan jiraa (14)'
Suuradda al-Ancaam

Ilaahay waxa uu dumarka ku tiriyay derajada ugu horraysa baahinafeedda ee ayaga oo qurux iyo jirrab ah uu dhigay dhabbaha dadka. Haddii aysan inta kale oo dhan ka khatar iyo ahmiyad badnayn, booska sheegiddeeda ka ma uusan hormariyeen inta kale oo dhan.

Haddaba, Haweenku waa imtixaanka nolosha aadanaha ugu khatarta badan ee ay ku mudanayaan nolosha adduunka gebi ahaanteed.

Waxa ay sidaa u noqotay waa in dhammaan dambiyada Ilaahay uu ka mamnuucay

---

3 Ragga oo jinsiga dada ka mid ah ayaa jecel oo ay naftoodu u hamuuman tahay, ku na ibtilaysan.T
4 Ilmaha ayaa loo jeedaa, maadaama badi ayaga la ga jecel yahay gabdhaha ayaana keligood loo xusay.T

addoommadiisa aanay jirin wax islahaansho abuureed ah oo ka la dhexeeya aadanaha. Dulmiga noocyadiisa kala duwan waa xaaraan, aadanuhu in uu ka fogaadana waxaa ka saacidaya abuurta aadanaha ee ka didaysa. In khamro la cabbo waa xaaraan, waxaa qofka u sahlaya [aqbalidda] amarka xaaramaynayana waa in abuurta aadanaha ee asalka ah ay ka yaqyaqsoonayso, sidaa oo kale na: tuugannimada, qishka, xanta, iskudirka iyo dhammaan waxyaalaha kale ee aadanaha laga mamnuucay oo idil, ma waafaqayaan abuurta caafimaadka qabta, cidi u ma ay leexato middood xaggeeda marka la ga reebo kuwa la gu imtixaamay fadaqnimo ama qalloocashada dabcigooda iyo abuurtooda oo ka dhashay sabab uun ka mid ah sababo la ga yaabo in ay nolosha qofka la soo gudboonaadaan

Waxyaabahaan guud waxaa la ga soo reebayaa hal shay oo qur ah oo ah tallaalnaanta[5] jinsi ee ninka iyo naagta, oo ayada oo ay jirto in ay qofka ku riixayso samaynta xumaanta, laguna tiriyo baarka sare ee waxyaabaha sharcigu xaaraameeyay mar haddii aanay ku koobnayn xuduud iyo dabarro cayiman, ayaa haddana la gu tiriyaa sifooyinka u gaarka ah ee aanay abuurta aadanuhu huraynin iyo dalabaadkeeda tan ugu muhiimsan. Qofkii uu doonaba ha ahaadee, marba haddii uu

---

5 Qariiso/Instinct ayaan halkaan u adeegsanayaa.T

yahay qof caadiya oo aan fadaqnimo lahayn ma ay jirto jid uu uga baxsan karo ama uu uga saramari karo.

Isbarbardhigaan markaad eegto waxaad garan kartaa in baahida jinsi ay tahay imtixaanka diineed ee ugu adag nolosha aadanaha. Waayo? Marka ay abuurta[6] aadmigu ugu kaalmaynayso in uu fuliyo xukunka Ilaahay ee ah in qofka uu xumida iyo munkarka ka tago, waxay shahwada jinsiyeed u istaagaysaa kicinteeda ama marka ay ugu fiican tahay waxay u tabar waayaysaa in ay isxakamayso ama ay hurkeeda wax uun ka dhinto.

Ayada oo taa laga duulayo ayaa daweynta islaamka ee dambiyada intooda kale ay ku hoos qarisay in saa'id looga durko oo la iska la weynaado. Laakiin, tan jinsiga waxaa la gu daweeyay in [jinsiga] la ga cukanaado, abuurtana loogu raaxeeyo, balse, ayada oo ku xayndaaban xuduud qayaxan oo cayiman oo uusan ka tallaabayn.

Tani waa macnaha eraygeenna: haweenaydu waa waxa ugu khatarsan ee nolosha ninka la gu imtixaamo.

Laga yaabee in aad dhahdid 'maxay ayaa aanay ragguna u ahayn imtixaanka ugu khatarsan ee haweenaydu marto inta ay nooshahay marba haddii dareenka jinsi ay wadaagaan, oo ay sidaana ku sinmaan culaabta ninka iyo naagtu, oo ay

----

6 Waxaan u adeegsanayaa erayga 'Fidro'.T

hawlahooduna isugu beegtoomi waayeen?'

Jawaabtu waxa weeye: Abuurihii awooddda iyo heybadda badnaa ayaa waxa uu abuurta haweenayda asaas uga dhigay in ay noqoto tan la raadiyo in ka badan intii ay wax raadin lahayd, oo si walba oo ay u dareento baahi ku tallaanan oo ku soo noqnoqota waxay sii ahaanaysaa ayada oo ay riixayaan saameeyayaal nafsadeed oo asal ahaan ugu jira mid ku jirta dhufayskeeda sugidda iyo isla sarraynta, iyo in ay ninka ku khasabto duruuf iyo sababo ka dhigta in uu isku koolleeyo raadinteeda iyo daba orodkeeda, sidaa darteed ayaana ay haweeynaydu ninka ku tahay fidno in ka badan inta uu ninku ayada fidno ku yahay.

Si kooban ayaa uu Rasuulkuna N.N.K.H u caddeeyay xaqiiqadaan markii uu lahaa: *'gadaashay uga ma tagin fidno ragga uga dhib badan haweenka' Muslim iyo Bukhaariba [werintiisa] waa ay isku waafaqeen'*

'مَا تَرَكْتُ بَعْدِي فِتْنَةً هِيَ أَضَرُّ عَلَى الرِّجَالِ: مِنَ النِّسَاءِ' متفق عليه.

٭

Mar, haddii aynu ka faraxalannay iftiiminta xaqiiqadaan, waxaad ogaataa in fidnadan ragga lagu ibtileeyay aad adigu yarayn kartid ama badin kartid.

Haweenaydu waxay awooddaa in haddii ay

doonto ay nafteeda ka dhigto belaayo ninka legadda, oo uusan sina uga badbaadi karin. Waxaa kale oo ay awooddaa in ay ugu kaalmayso ku socoshada jidka nabadda iyo badbaadada.

Badanaa ummad magac iyo awoodba ku dhex lahayd ummadaha kale ee uu mgacaeedii shiiqmay, heerkeediina ka soo dhacday ayada oo eersatay dhillaysigii iyo anshax xumadii ku dhex fidday. Qisada baabba' dawladihii: Roomaanka, Masdakiyada[7] iyo xaddaaraddii hindiyana ka ma ay

---

7 Masdakiyadu waa diin sanamcaabud ah oo ka farcantat Maanawiyada, waxaana aasaasay Masdak oo dhintay qiyaastii 528 M. Dadka qaar ayaa ku andacooda in asaasayaasheedu ay in badan ka hoorreeyeen Masdak. Waxay aamminsan yihiin in markii si kedis ah ay u kulmeen nuurka (kheyrka) iyo mugdigu (sharku) uu koonku samaysmay. Ujeeddada noloshuna waxay dhaheen waa in uu qofku qayb naftiisa ka mid ah nuurka u xoreeyo. Waxay ahayd farriin ujeedkeedu ahaa in bulshada dib u habayn la gu sameeyo, waxayna aamminsanaayeen in Ilaahay uu ilaha dhaqaale dadka u wada uumay balse ay xoogweynayaashu ka ga xoog bateen tabarlaawayaasha, si caddaaladda iyo sinnaanta loo xaqiijiyana waa in ciddii wax ka dheeri ah baahideeda haysata ay inta kale ee aan haysan ay la wadaagsadaan. Waxaa la gu sheegaa in ay tahay bilowga fikirka shuucigaa ee waayadii dambe hanaqaaday. Waxaa fikraddaan qaatay oo hirgeliyay boqortooyadii ka jirtay Baxiira, Ciraaq, oo uu ugu horreeyay boqor Kaafaad oo xukumayay 488-531 M. Asaga oo boqorka taageero ka helaya ayaa uu Masdak hoggaamiyay barnaamij dibuhabayn ah oo uu fuqaradana ugu sameeyay keydad la ga caawiyo, saddex macbad mooyee macaabiddii saraadishti-

foga dadka.

Sidaa darteed ayaa ay shaqada haweenka la faray tan ugu culus ay noqotay in hubkeeda fidnaynta ragga ay galka ku celiso intii karaankeed ah, si aanay raggu ugu hoogin jirrabkaan ama imtixaankaan.

Waxaa ay muslimiintu isku wada raaceen in aanay Ilaahay raalli ahaanshihiisa ku helin hawl ka mid ah hawlaha wanaagsan ee ay qabato oo u dhiganta tan ay ugu dedaasho in ay ninka ku caawiso toosnaanta anshixiisa iyo ka adkaanshaha diradiraayayaasha[8] baahinafeeddiisa. Sidaa oo kale na Ilaahay caradiisa sabab ugu ma noqoto xaaraan ay samayso oo la mid ah tan ay ugu ordayso kicinta diradiraallada baahinafeedda ninka ee ay ka ga na fogaynayso toosnida iyo dhawrsanaanta anshax ahaaneed.

Sida uu Nebiga N.N.K.H uu inoo sheegayna dumarku naarta ugu ma aanay badan waxaan ka ahayn dhawr sababood oo ay ugu muhiimsan tahay in aanay Ilaahay uga cabsanayn shaqadaan culus ee uu Ilaahay ayaga ku xiray.

*

Adiguna, walaashayda muuminaddaayeey, waad og tahay in waxa ugu muhiimsan ee reer

---

yadana waa uu banniday. T

8   Al-Dawaafic ayaan eraygaan u adeegsan doonaa.T

galbeedka–labadooda qayb ee Yurub iyo Maraykan, ay muslimiinta uga cabsanayaan ay tahay islaannimadooda.

Waxay hoggaankoodu ogaadeen ka dib cilmibaarisyo saabsanayaal leh oo ballaaran in hanaqaadka nolosha reer yurub aysan bilaaban jeer ay saamayntii iyo awooddii islaamku ay ka galbatay nolosha muslimiinta.

Haddii aanay jirteen waxa islaamka ku habsaday ee ah mugdiga ka fogaanshaha manhajka islaamka iyo xukunkiisa, dunida yurub uma aanay iftiinteen wax uun ogaal iyo aqoon ah, fursadduna uma aanay saamaxdeen in ay taa ka faa'idaysato.

Hubantidaas guntooda ku tolantay waxaa ka dhashay in si ay u ilaashaadaan tabaca horumarkooda aanay ku dedaalin wadiiqo ka muhiimsan oo ka halis badan in si walba oo ay ku suuroobaysaba ay si joogta ah uga shaqeeyaan sidii ay muslimiintu uga sii fogaan lahaayeen islaamkooda ayaga oo ka dayaysan taariikhdooda iyo ishii sharaftooda, xaqiiqada islaamka iyo xukunkiisana ay uga ga mashquulaan wax walba oo beddelkii u geli kara.

U malayn mayo in aad u baahan tahay caddaymo kuu muujiya dhabnimada xaqiiqadaan, waayo? nuxnuxda hoggaamiyayaasha iyo mufakiriinta reer galbeedka waxaa la ga maqlay bad iyo berri, maya e, nasiib wanaag waxay isu rogtay qaylo dheer oo la maqlayo, oo qofkii wax uun saqaafadda casriga ku lug leh uu maqli karayo.

Sidaa oo ay tahayna, waxaa laga yaabaa in kheyrku ku jiro in aan tusaale kaa siiyo nuxnuxda noocaas ah ee ugu dambayn isu beddashay cod la maqlay oo waadax ah, uuna garan karo ruuxii walba ee u dhug leh casriga uu nool yahay dabeecadihiisa.

Iga hoo goos-goos aan ka soo xigtay buugga 'xaggee islaamku u jihaysan yahay'[9] ee ay qoraalkiisana iska kaashadeen koox bariyaqaanno[10] ah oo kala sinji duwan, waxaana korjoogtaynayay[11] uruurintiisa, isu keenidda cilmibaaritaannadiisa, u samaynta gogoldhigga, iyo raacinta faallooyinkaba bariyaqaankii ingiriiska u dhashay ee ka mid ahaa lataliyayaashii wasaaradda arrimaha dibadda ee ingiriiska H. A. R. Gibb[12].

Hordhaca uu Gibb buuggaan u sameeyay— wuuna dheer yahay oo ilaa boqol bog weeyee, waxa

---

9 إلى أين يتجه الإسلام / Whither Islam?Q/T

10 Mustashriqiinta ayaa eraygaanna u adeegsan doonaa. T

11 Tifaftiray.T

12 Sir Hamilton Alexander Rosskeen Gibb FBA, Soctland u dhashay, ahaana bariyaqaan taariikhyahan noolaa 1895-1971 M. Wuxuu ku dhashay magaalada Iskanderiya ee dalka Masar, wuxuuna ku dhintay England. Waxa ay diraasaadkiisu khuseeyeen saddex dhan: suugaanta carabeed iyo luqadda carabiga, taariikhda islaamka iyo hay'adihiisa, iyo islaamka laftiisa. T

uu si qotodheer ugu sheegay in duruufihii goboleed ee kala duwanaa aysan awood u yeelan in ay saamayn ku yeelato xaddaaraddii islaamka, ama in ay wax uun u gaysato waqtigii dheeraa ee ay jidhay iyo dhulkii badnaa ee ay gaartay, waxayna taasi caalamka islaamka ka dhigtay kudlad siyaasadeed khatar ah, oo ah caalam daafihiisu isu muuqdaan oo yurubna ugu meegaaran si buuxda oo ay dunida uga takoorto.

Dabeetana waxa uu sharraxayaa sida ay reer galbeedku ugu guulaysteen burburinta go'doomintaan iyo baabbi'nta xadaaradda islaamka iyo ka takhallusidda midnimadeeda. Waxa uu intaa ka dib leeyahay: waa sidaas e, miisaannada diiniga ah, farriimaha anshax ee Islaamka, dhammaan waa ay isdhalanrogayaan, dhalangeddiskaanina waxa uu ku sii jeedaa u dhaweynta halbeegyada anshax ee galbeedka ee isla markaana ah tan matalaysa farriimaha anshax ee kaniisadda kirishtaanka.

Waxa uu Giib intaa ka dib ku tiiqtiiqsanayaa in hawlaha waxbarasho ee dugsiyada casriga iyo saxaafaddu ay si ogaal la'aan ah uga ga tageen saamayn ay muuqaalka sare uga eg yihiin dad ilaa xad fog diinlaawayaal ah. Wuxuuna ka sii dabagaynayaa in uu dhaho: taasi waxay si gooniya u tahay ubucda miradhalka iskudayadii galbeedka oo dhan ay muslimiinta duudka ugu saarayeen xaddaaraddooda raad uun ka mid ah.

Intaa ka dib, asaga oo farxaxsan ayaa uu Gibb guddoomiyay in dunida islaamku ay muddo gaaban ku noqon doonto mid ka arradan wax diin ah oo ka muuqda noloshooda, waa se haddii aanay imaan duruufo aan xisaabta ku jirin.

Balse, waa uu soo noqday oo judhiiba waxa uu muujiyay werwerkiisa ku aaddan soo ifbixidda falcelin islaam oo cusub oo burisa awoodda mirahaan galbeedka oo dhan oo waxa uu leeyahay: laakiin se xarakooyinka islaamiga ah waxay u kobcayaan si dhaqso leh oo yaabkeeda wadata, oo kaa anfariirinaysa. Waxay u burqanaysaa si kedis ah ka hor inta aanay awboosyadu[13] ilbaadin astaan ay ka ga shakin karaan. Xarakooyinka islaamiga ah ka ma ay dhimmana waxaan ka ahayn soobixidda Salaaxuddiin cusub..[14]

Haddaba, maxay ayaa uu ahaa hubka ugu horreeyay ee ay reer galbeedku u adeegsadeen burburinta xaddaaradda islaamka iyo in ay anshaxa islaamka ka leexiyaan jihadiisii hore?

Hubka ugu culus ee reer galbeedku u

---

13 Waardiyaha colka uga sii diga haddii uu col meel dheer ama dhaw ka arko, badanaana meel sare oo qarsoon ayaa uu fuulaa. T

14 Buugga 'xaggee islaamku u jihaysan yahay'. Waxaad eegtaa buugga 'al-itijaahaad al-wadaniyah fii al-adab al-mucaasar' ee uu qoray Dr. Muxammad Muxammad Xuseen, baalasha 197-213.

adeegsadeen fulinta ujeeddadoodaan waa dumarka.

Waxay ogaadeen, waxa aynu maantaba og nahay, ee ah in xayaabo-caqliyeedku[15] aysan u gaysan karin muslimiinta caqligooda wax u dhigma toban meelood oo meel waxa ay nafahooda u gaystaan kaakicinta jinsigu, markaana haddii aan la hurayn in ay soo bandhigaan xayaabo-fikireedyo, waxaa qasab ku ah in ay hore iyo gadaalba ka mariyaan diradiraallada ama raadadka shahwo ee dumarkana loo adeegsanayo.

Sidaa darteed, ayaa uu duullaanka fikir ee muslimiinta haba ka la noocyo duwanaadee uu ku taagan yahay xubin muhiim ah oo aan la ga maarmin. Waa haweenayda oo ay uga faa'idaysan-ayaan wax walba oo suuragal ah in ay u adeegsanayaan ee ay ka mid yihiin wixii horeseedaya fidnaynta, saamaynta iyo hungurigelinta [ragga], iyo sababaha ka fogayn kara ilaalinta ilmaha iyo qoyska.

U malayn maayo in aad u baahan tahay in aan kuu soo bandhigo caddaymo badan oo tilmaamaya xaqiiqadaan. Waayo? Caddaymaha arrintaani waa ay kashifmeen oo caddaadeen, waxaana garanaya oo isweydaarsada cid walba oo wax uun ka ga lug leh saqaafadda casriga iyo garowsiga dabeecadihiisa.

Sidaa oo ay tahay, haddana aan hortaada dhigo tusaalahaan ka mid ah hadalladii kirishtaameey-

---

15 Waxaan eraygaanna u isticmaaalayaa الشبهات العقلية, oo erayga Xayaabo ayaan ku turjumayaa الشبهة.T

ihii[16] iyo bariyqaaankii loo garan ogaa Gibb:

'Dugsiyadaa gabdhaha ee dhulka carbeed waa bu'da ishayda. Waxaan weligayba dareemayay in mustaqbalkeenna Suuriya uu yahay waxbarista gabdhahooda iyo islaamahooda. Dhaqdhaqa-aqeennii dhankaas ku aaddanaa hoos u dhac ayaa ku bilowday, laakiin se maanta waa tanaa ayada oo ay ahmiyad ballaaran ku dhex yeelatay jamciyadaha kirishtaamaynta'.[17]

U malayn maayo, in qof Ilaahay caqligiisa ka ilaaliyay wax uun wsakhda waallida ah ay suuragal u tahay in uu sawirto in iskuullada gabdhuhu ay Gibb ugu yihiin bu'da indhihiisa in uu u masayray maslaxadda dunida islaamka ama tan carbeed iyo sida ba'an ee ay muhiim ugu yihiin arrimaheedu oo uu daacadna ka yahay wanaagga uu la jecel yahay.

Way ahayd bu'da indhiisa maadaama uu garwaaqsan yahay xaddiga saamaynta ay haweenaydu ku leedahay toosinta nolosha jiilka ama hallayntooda; Haddaba, waxaan la hurayn in aan isku hallayno dugsiyada gabdhaha oo aan halkaana ka xakamaynno barbaarintooda iyo jihaynta habdhaqankooda.

✻

---

16 Al-Mubashir wal-mustashriq
17 al-Tabshiir wal-Isticmaar, Musdaf Al-Khaalidi iyo Cumar Farruukh, Bogga 87.

Laakiin sidee ayaa ay reer galbeedku duullaankooda fikir ay xubinta haweenka ugu adeegsadeen fulinta ujeedddooyinkii ay u socdeen, welina aysan ka harin?

Jawaabta oo kooban waxa weeye: waxay taa u mareen tub lid ku ah wax kasta oo haweennka la xiriira ee uu islaamku xukumay.

Waxa uu islaamku xukumay ee ku aaddan haweenayda waa in ay isdhawrto oo ay is asturoto iyo in aysan qurxdeeda wax uun ka mid ah ragga u muujin. Waddada ay kuwaani qaadeen waa in ay ka shaqeeyeen in ay ka fogeeyeen wax kasta oo dabarrada asturka iyo isdhawridda ah, intii ay suuragal tahayna ay ku riixaan in ay quruxda xubnaheeda ka la duwan ay ku muujiso goob walba, suuqyada iyo barkulannada..Waxay xaqiijinteeda u kaalmaysteen munaafaq walba oo hadal yaqaan ah, diyaarna ah in uu beddalo xukunka Ilaahay, oo uu ku beddesho birbir adduun oo yar.

Waxaayabaha uu islaamku xukumay waxaa ka mid ah in aysan haweenaydu quruxdeeda u soo bandhigin sidii lagu yaqaannay jaahiliyaddii iyo in ay joogto gurigeeda, karaankeedna ay ku dedaasho in ay unugto qoys wanaagsan iyo barbaarinta dhal san. Kuwaanina waxay waddamarin ka dhigteen in ay ka shaqeeyaan sidii ay haweeenaydu u kari waayi lahayd joogista gurigeeda, ayna uga qaadan lahayd culaysyada nolosha iyo hawlaheeda ka la duwan wax aan u hambaynayn qaab uun ay u dhugato gurigeeda ama barbaarinta ilmaheeda. Waxay taa xaqiijinteeda u adeegsadeen in ay culayskooda isu gu geeyeen dheefsiga halka ugu liidata ee ay muslimiintu dabarkeeda adag la rafaadsan yihiin. Waxay bilaabeen faafinta 'in sirta ka dambaysa dibdhaca muslimiinta ay tahay-waana waxa laabtooda ka hugmayee, in ay tahay tabardarra-dooda warshadeed, iyo in aanay warshadayntu hinqan karin jeer la helo tirada shaqaale ee ugu badan, taasina waxay ku hirgeli kartaa in haweenka shaqada wax la ga siiyo, si la mid ah sida ay ugu celcelinayeen oo ay ugu soo laallaabanayeen dhegaha muslimiinta in dunida galbeedku ay muslimiinta hal wax keliya ka ga horreeyaan, ayna tahay ku baraarugidda xaqiiqadaan. Waxay ka faa'idaysanayaan awoodahooda aadane oo dhan halka ay muslimiintuna kalabarkeed baylihinayaan.

*

Xeeshaan maanta duugowday ee fashilantay waxay ka qarsoontay caqliyadda kooxo badan oo dhallinyarada iyo hoggaanka muslimiinta ka mid ah. Waxay gaareen heer ay si dhab ah u sawirtaan in sirta dibdhaca muslimiintu ay ku qarsoon tahay xijaabka haweenaydu ay wajiga ku qarsanayso ama ay shulug ku siinayso xubnaheeda qurxoon iyo in aanay naga xigin gaaridda socotada magaalowga casriga ah iyo la simashada shucuubta dunida reer magaalka ah ee ina ku hareeraysan wax aan ka ahayn in aan gacmaha ragga ee shaqaynaya aan ku labajibbaarno kuwa haweenka shaqaynaya.

Dabeetana warkii la xiriiray xukunka islaamka ee ku aaddanaa labbiska haweenayda, shaqadeedaو iyo waxbarashadeeda waxa uu isugu biyashubtay in la ga dhigtay wax la gu jeesjeeso ama wax la duro, maya e, waxaa dadkaan daliil la noqday in islaamku uu dadkiisa dib u jiidayo halkii uu u riixi lahaa horumarka iyo in ay koraan sallaanka reer magaalnimada.

Waxaa dhibta khatarteeda sii kordhiyay wax ka soo ifbaxay hareeraha iyo gadaasha dadkaan ee isu gu jira kuwo ku cayaaraya nusuusta[18] shareecada islaamka iyo axkaamteeda, si ay u helaan dan adduun ama ka baqsan in ay waayaan boos, madaxtinnimo ama mansab; nusuusta shareecadu waa erayo la mid ah erayada qaanuunka, oo halka abuukaataha damac uga jiro kasbashada hanti cayiman uusan u tabar. waayayn leexinta qodobbada qaanuunka iyo ku ciyaaridda erayadiisa iyo macnahoodaba, ayaa uusan caalimka aan dan iyo heello ka lahayn carada Ilaahay iyo ciqaabtiisa kulul uusan ugu taag waayayn in uu leexiyo nusuusta shareecada oo uu ku cayaaro erayadeeda iyo macnahoodaba.

---

18 Aayad ama Xadiis. T

Natiijada balaayadan ka dhalatay waxaa ka mid
ah in ay korodhay hummaagta sharkii ay galbeedku
qorsheeyeen ayada oo ay waddo u noqdeen kuwa
ku lumay fatwooyinka kuwa diinta ku cayaaraya,
oo waxay niyadwanaaggooda ka ga bayreen
manhajkii Ilaahay, garbatabisghooda madaxy-
aweyntana waxay ka ga lumeen jidkii toosnaa.
Waxay u maleeyeen in ay tusinayaan jidka Ilaahay,
mise waa kuwan u sii waldaaminaya hoobadka
guuldarrada waaraysa ee xanuunka badan

Intaa ka dib, tani waa mushkiladdii oo aan
kuugu soo koobay hordhacaan lamahuraanka ah.
Ujeedkayguna waxa uu ahaa in aan intaan ka dib u
jihaysanno jid maangal ah oo xallinteeda u dhaw.

Wadiiqada maangalka ah ee aan u maraynana
waa in aan caddayno xukunka Ilaahay ee ku aaddan
dharka haweenayda, shaqadeeda, iyo waxbara-
shadeeda, asaga oo ka saafan siyaadada ay ku dareen
kuwa wax buunbuuniya, saafina ka ah
xayaabooyinka kuwa diinta beddela ama ku
cayaara. Sida la filanayaba, cidda aan buuggaan ku
la hadlayo-waana sidaan iriye, waa gabar walba oo
si dhab ah Ilaahay u rumaysan. Sidaa darteedna
ma ay doonayso wax ka badan in ay si qotodheer
oo hubanti ah ay u ogaato xukunka Ilaahay ee
saabsanahaan la xiriira.

Sidaa oo ay tahayna marka aynu dhammayno, waxaan u jeesanaynaa mushkiladaha iyo caqabadaha ka la duwan ee loo amaamudayo si loo gu gudbo jidka fulinta xukunkaan Ilaahay ee culus.

Dhabtii ma mushkilado baa? Dhabtii ma waxaa qaadashada xukunka Ilaahay ee arrintaan ka imaanaya samaysinka biyoxireen adag oo kala dhexgalaya innaga iyo u ambabaxeenna koritaanka sallaannada horumarka iyo reer magaalnimada? Waxaan-Alle idankii, saabsasnaha u daweyn doonnaa si hufan iyo in aan si buuxda uga xorowno nooc walba oo ficilo ah, jeer uu xaqu inoo caddaado oo aanay qaadshadiisa cidina ina ga teedi karin.

Dhibina inoo ka imaan mayso ka dib marka aan ogaanno xukunka Ilaahay in aan natiijada fulinta xukunkaanna aan ka baarbaarno dhinaca dheefta iyo dhibta. Ogaanshaha natiijooyinka dheefta ku jirta waxay inoo kordhinaysaa rumaynteenna iyo yaqiinteenna, waxayna inoo tabcaysaa ku cibraqaadashada waxtarka inoo ku leh axkaamta kale ee Ilaahay, si la mid ah sida kashifidda dhibaatooyinka ku jira-haddiiba ay jidho, ay inoo siinayso sharciyadda fakaridda iyo arrinka in aan ku ijtihaadno, oo xukunka Ilaahay-S.O.K, suuragal ma aha in ay dheehdo dhib ama fasahaad dhab ah, qaacidooyinkeenna sharcidejineed ee waaweynna waxaa ka mid ah hadalkii Ergayga Ilaahay N.N.K.H:

لا ضَرَرَ ولا ضِرارَ

'dhib iyo dhibid ma ay jiraan'[19].

Walaashayda muuminadda aheey, waxaan kaa filanayaa in waxa aan oran doono aad ku guddoontid halbeeg ah wacyi fakar oo fayow iyo u daymo lahaansho caqliyeed oo xor ka ah dhaanraacnimo ama baaqa diraallada baahinafeedda middood, oo baahinafeedyadu ma aha in ay foodda qabtaan cilmibaarista, iyo halbeeg asaguna ah in aad si naf leh u ilaalshatid aamminaaddaada Ilaaha maamuuska iyo awoodda badan.

Waxaan Ilaahay weydiisanaynaa in uu na ga ilaaliyo sharka nafaheenna, in uu na gu aaddiyo adeegsiga caqligeenna, uu na ga dheereeyo sabbaaxatooyinka sheydaanka oo idil, iyo in uu xaqa na gu kala saaro annaga iyo reer tolkayo, Asaga ayaa ah kuwa guulaysta kan ugu kheyrka badan e [guushaba Asaga ayaa leh].

---

19 Ma ay jirto ma ay jirto [oo ma ay bannaana] dhibid [bilowgaba loo kaso ama kas la'aan dhacda oo la gu sii socdo], ma na ay jirto dhibid [aargoosiga xadkiisa dhaafsan ama dhib loo kasay].T

ISLAAMKU SIDAAN AYAA UU QABAA

*I*laahay ayaan ka magangalayaa in aan iraahdo 'xukunka islaamka' oo deetana aan ku laro wax uun ra'yigayga ah ama waxyaalaha ay naftaydu u hamuuman tahay qaarkood. Waxaan Ilaahay ka magangalayaa in aan ummadda u maldaho wax aan Ilaahay ka maldahmayn, oo ka tuur hadal waxa ay nafatydu u jiitamayso ah aan ku qurxiyo dhalaal diineed oo been ah oo uusan Ilaahayna raalli ka ahayn.

Qoraagu haddii uu doono waxa geesaha eeg awoodaa in uu isku walaaqo ra'yi baadil ah oo ay naftiisu jeceshahay iyo xaq cad oo uu Rabbi xukumay, laakiin se waxa uu taas isaga laaqayo waa uun dadka ama qaarkood. Laakiin cilmiga

Ilaahay-ee wax walba waardiyaha ka ah, isbeddel iyo ka la duwanaan ku imaan mayaan xaqa. Waxa uu qoraagu laaqiddiisa uu ku dhiirraday uu ka helayo waa in uu dambiyo ka xambaarsaday waxa ay dadku sameeyaan ee ay Ilaaahay ku caasiyaan ayaga oo ku kalsoonaaday waxa uu u fatwooday ee ayagana loo gu sawiray in uu yahay xukunkii Ilaahay.

Qoraaga Ilaahay iyo aakhiro rumaysan muxuu uga baahan yahay in uu luquntiisa u loogo dadmbiyada uu raadadkooda dadka ka xambraasanayo ee uu maalinta qiyaamahana heli doono natiijooyinkooda iyo cirib xumadooda? Muxuu uga baahan yahay in uu isku daro kuwa u taagan in ay dadka ka lumiyaan xaqa Eebbe jeer marka dadku isu soo ururaan maalinta uusan shakigu ku jirin ee ay kuwa la lumiyay ku baraaruagaan weynida dhagarta xaqa loo ga fogeeyay ay Rabbigood u la soo jeestaan in ay ku dhahaan:

$$\text{وَقَالُوا۟ رَبَّنَآ إِنَّآ أَطَعۡنَا سَادَتَنَا وَكُبَرَآءَنَا فَأَضَلُّونَا ٱلسَّبِيلَا۠ ﴿٦٧﴾}$$

$$\text{رَبَّنَآ ءَاتِهِمۡ ضِعۡفَيۡنِ مِنَ ٱلۡعَذَابِ وَٱلۡعَنۡهُمۡ لَعۡنٗا كَبِيرٗا ﴿٦٨﴾}$$

'Rabbiyoow, waxaan u hoggaansannay madaxdannadiiii iyo maqaawiirtannadii, ayaguna tubtii qummanayd ayaa ay naga leexiyeen. Ilaahayoow cadaabka u laba-jibbaar, si weyn oo weynaan badannna uga dheeree naxariistaada'
Suuradda al-Axsaab, aayadaha: 67- 8.

Haaye, waxaan Ilaahay ka magangalayaa in aan dadka u sheego in aan uga sheekaynayo xukunka islaamku uu ka qabo wax uun ka mid ah arrimaha haweenka, oo deetana aan ula bayro dhabbaha loo maro wadiiqooyinka hawada nafta, ka na mid ah waxyaalaha ay danaha adduunyadu u wacanayso, sidaana aan ka ga mid noqdo kuwaa madaxyaweynta ah ee berri maxkamadda Ilaahay soo hor istaagaya ayaga oo ay faraqa haystaan dadkii la gaaday ee la dhagray ayaga oo Ilaahay u weydiinaya cadaab dheeri ah, lacnad iyo ciqaab dheeraad ah.

Ŏ Dhacdooyin xaalad ku yimid, daliil uma aha xukun sharci ah:

Xukunka Islaamka waxaa la ga qaataa nas cad oo ku sugan kitaabka Ilaahay, xadiis ka sugnaaday nebi Muxammad N.N.K.H, qiyaas qaadasho qumman iyo ijmaaca ay isla qaateen imaamyada iyo culumada islaamku.

Haddaba, waxba kuma ay jabna in dhaqammada shaqsiyeed ama waxa ay usuuliyiintu[20] u yaqaannaan 'Dhacdooyin Xalaadeed[21]' aan loo

---

20 Culumada ku takhasustay barashada daliillada guud ee faahfaahintoodana axkaamta la ga tixraacdo. T
21 Dhacdooyinka xaaladeed iyo dhacdooyinka qofeed waa eray u taagan mowqifyo qofeed oo dhacay xilligii sharcidejinta, ku na yimid si khilaafsan wixii ay keenayeen daliillada guud, sida: hadalkii Ergayga Ilaahay N.N.K.h ee uu

tixgelin in ay sees ama daliil sharci ah ay u tahay
xukun sharci ah oo sax ah-xitaa haddii ay shaqsi-
yaadkaasi ka mid yihiin asxaabtii, taabiciintii iyo
intii ka dambaysay. Balse, waxaa muslimiinta oo
dhan geedkago'an u ah in dhaqammada dadku ay
yihiin kuwa ay tahay in saxdooda iyo qaladkooda
lagu miisaamo halbeegga xukunka islaamka ee ma
aha   in xukunka islaamka la gu miisaamo
dhaqankooda iyo dhacdooyinka xaaladahooda.

Tusaale ahaan, haddii dhaqammada asxaabta
iyo taabiciintu ay lahaan lahaayeen awoodda uu

---

abii-Burde oo doonaya in uu waxar ku udxiyaysto uu ku yiri
'adiga way kaa gudaysaa, cid kaa dambaysana ka gudi mayso'
iyo sidii uu gabar ugu guuriyay mid asxaabtiisii ka mid ah
meher looga dhigay quraanka uu yaqaannay ee aan la na siin
meher xoolo cayiman ah, iyo sidii uu markhaatiga Khusayma
u la mid dhigay laba markhaatid, iyo sidii uu Suubbanuhu
N.N.K.H   uu   cimaamadda   u   masaxday   mar   uu
weesaaysanayay. Intaan iyo kuwa la mid ah la dhigi mayo
booska axkaamta guud maadaama ay ku timid ayada oo ku
saamowday xaalado aan caadi ahayn oo gaar ah. Waxa sidaa
ugu koobantay goobihii ay ka soo ifbaxday, ma na ay
bannaana in ay faraqeedu u jiidmo sharcidejinta guud ee ka
tallowsan dabeecadda xaaladahaas. Calaamadaha la gu garto
dhacdooyinka xaaladeed waxaa ka mid ah in ay timaaddo
ayada oo mucaaradsan axkaam guud oo aan xayaabo lahayn,
una timid xaalad aan caadi ahayn oo haddii aad baartid aad
soo helaysid. Eeg al-Axkaam oo uu Aamadi qoray mugga
2-aad, bogga 70-aad; al-Muwaafaqaad oo uu Shaadibi
leeyahay, mugga 3-aad, bogga 260, iyo al-Mustasfaa oo uu
Qasaali leeyahay, mugga 2-aad, bogga 68-aad.

leeyahay daliilka sharciga ah, ayada oo aan loo baahan daliil kale oo aan dhaqankaas ahayn waxaa meesha ka bixi lahaa in ay yihiin kuwo ay ka dhici karaan gef iyo caasinnimo, waxayna sida Ergayga Ilaahay N.N.K.H oo kale ay noqon lahaayeen kuwo laga dhawray in ay ku dhacaan wax uun gef ama qalloocasho ah. Waxaynuna fiirahoraadaan ku og nahay in nebiyada iyo ergada Ilaahay oo qura ay yihiin kuwa ka ilaashan simbiririxashada iyo dambiyada, halka dadka ayaga ka soo harayna aanay kuba jirin wax aan ka ahayn qof wax naqdiya asna la naqdiyo, waxaana ku rumowday go'aanka Ilaahay ee ah *'aadanaha oo dhan waa ay gefid badan yihiin'*.

Innaga oo taa ka duulayna, tubta aan u marayno mawduuca haweenka ee aynu halkaan ka ga hadlayno waa in aan ka dhex raadinno kitaabka Ilaahay iyo sunnada Rasuulka N.N.K.H, marka aan taa ka faraxalanno, haddana aynu aragno in uu taageero ka haysto culumadii diinta ku dhaqmay ee imaamyada kitaabka iyo sannaadu sida ay u fahmeen, waxaa aynu garwaaqsan doonnaa in kaasi uu yahay xukunka Ilaahay ee uusan baadil hor iyo gadaal toonna uga imaanayn, saamayn nasakhid ama doorin ama dabrid ahna aanay ku yeelanayn in ay jiraan qofaf khilaafsan-dabaqaddii ay doonto ama tubtii ay doontaba ha noqotee.

Jirka haweenayda wajiga iyo kafka [calaacalaha iyo faraha] mooyi e, inta kale waa cawro

Waxaa ay haweenaydu casrigii jaahiliyada ku dedaali jirtay in ay quruxdeeda ragga u muujiso laakiin se sida haweenka ummadaha kale arrintaas ugu ma aanay talaxtegi jirin.

Surka, dhuunta, iyo halabta timuhu waxay ahaayeen quruxdeeda meelaha ay sida gaarka ah u dhaqaalayso, raggana ugu muuqasho badan

Markii Islaamku yimid ee ay axkaamtiisu si teelteel ah u soo dagaysay, ayaa waxaa haweenayda iyo labbiskeedaba Ilaahay ka soo dejiyay aayaddaan:

$$بَـٰٓأَيُّهَا ٱلنَّبِىُّ قُل لِّأَزْوَٰجِكَ وَبَنَاتِكَ وَنِسَآءِ ٱلْمُؤْمِنِينَ يُدْنِينَ عَلَيْهِنَّ مِن جَلَـٰبِيبِهِنَّ ۚ ذَٰلِكَ أَدْنَىٰٓ أَن يُعْرَفْنَ فَلَا يُؤْذَيْنَ ۗ وَكَانَ ٱللَّهُ غَفُورًا رَّحِيمًا ﴿٥٩﴾$$

'Nebiga sharafta badanoow, waxaad ku dhahdaa xaasaskaaga, gabdhahaaga iyo hablaha mu'miniinta ahba in ay isku gambiyaan jilbaabbadooda, sidaas in ay yeelaan baa waxay ugu dhawdahay in aan la aqoonsan, oo la dhibin, Ilaahayna waa dambi dhaafe, naxariis badan' [22]

Allaha weyn waxaa kale oo uu soo dejiyay asaga oo arrinkaas ka hadlaya:

سورة الأحزاب 22

وَقُل لِّلْمُؤْمِنَتِ يَغْضُضْنَ مِنْ أَبْصَرِهِنَّ وَيَحْفَظْنَ فُرُوجَهُنَّ وَلَا يُبْدِينَ
زِينَتَهُنَّ إِلَّا مَا ظَهَرَ مِنْهَا وَلْيَضْرِبْنَ بِخُمُرِهِنَّ عَلَىٰ جُيُوبِهِنَّ وَلَا يُبْدِينَ
زِينَتَهُنَّ إِلَّا لِبُعُولَتِهِنَّ أَوْ ءَابَائِهِنَّ أَوْ ءَابَاءِ بُعُولَتِهِنَّ أَوْ
أَبْنَائِهِنَّ أَوْ أَبْنَاءِ بُعُولَتِهِنَّ أَوْ إِخْوَٰنِهِنَّ أَوْ بَنِيٓ إِخْوَٰنِهِنَّ أَوْ
بَنِيٓ أَخَوَٰتِهِنَّ أَوْ نِسَائِهِنَّ أَوْ مَا مَلَكَتْ أَيْمَٰنُهُنَّ أَوِ التَّٰبِعِينَ غَيْرِ
أُوْلِي الْإِرْبَةِ مِنَ الرِّجَالِ أَوِ الطِّفْلِ الَّذِينَ لَمْ يَظْهَرُواْ عَلَىٰ عَوْرَٰتِ
النِّسَآءِ وَلَا يَضْرِبْنَ بِأَرْجُلِهِنَّ لِيُعْلَمَ مَا يُخْفِينَ مِن زِينَتِهِنَّ وَتُوبُوٓاْ إِلَى
اللَّهِ جَمِيعًا أَيُّهَ الْمُؤْمِنُونَ لَعَلَّكُمْ تُفْلِحُونَ ﴿٣١﴾

'Nebiga Sharafta badanoow, waxaad hablaha Ilaahay
rumaysan u sheegtaa in ay araggooda laabaan, xubintooda
taranka ilaashadaan, quruxdooda aanay muujin wixii
muuqda maahee, hagoogtooda ha saaraan kulleetigooda,
quruxdoodana ha u muujiyaan nimankooda ama
aabbayaashood ama soddogyadood, ama ilmahooda, ama
wiilasha nimankoodu dhaleen, ama walaalahood, ama
wiilasha walaalahood iska tuur ragga ah ay dhaleen, ama
wiilasha walaalahood gabdhaha ah ay dhaleen ama
dumarkooda [muslimiinta ah] ama addoomadooda ama
kuwa ragga [raashin dartii u] dabagala ee aan dumarka u
hawoon[23] ama cunugga yare ee aan gaarin heer uu ku garto
cawro dumar, lugahoodana yaanay dhulka ku garaacin
ayaga oo u dan leh in la ogaado quruxda ay qarinayaan;*

---

23 Ama doqommada aan dan ka lahayn dumarka ama
kuwa aan dareenba lahayn sida qof xubinkii la ga jaray ama
aan lagu umin ama aan dareenba sidiisaba lahayn. T

idilkiinna Ilaahay u soo noqda, si aad u guulaysataan' [24]

Waxaa kale oo Ilaahay soo dejiyay aayad si toos ah u la hadlaysa xaasaska Nebiga N.N.K.H, balse usluubka hadalkaasi uu yahay mid si guud u khuseeya haweenka muslimiinta oo dhan, marka aynu eegno qaabka uu hadalkaan u yaallo, aynuna barbardhigno in badan oo ka mid ah qaababka amarrada Ilaahay ina faray uu Eebbe u dhigay. Waxa uu yiri Ilaaha weyn ee awoodda badan:

وَقَرْنَ فِى بُيُوتِكُنَّ وَلَا تَبَرَّجْنَ تَبَرُّجَ الْجَـٰهِلِيَّةِ الْأُولَىٰ وَأَقِمْنَ الصَّلَوٰةَ وَءَاتِينَ الزَّكَوٰةَ وَأَطِعْنَ اللَّهَ وَرَسُولَهُۥٓ إِنَّمَا يُرِيدُ اللَّهُ لِيُذْهِبَ عَنكُمُ الرِّجْسَ أَهْلَ الْبَيْتِ وَيُطَهِّرَكُمْ تَطْهِيرًا ﴿٣٣﴾

'[Xaasaska Nabigoow] waxaad ku negaataan guryihiinna, ha isu xarragaynina sidii jaahilayddii hore la isu xarragayn jiray, salaadda ooga, dagada bixiya, Ilaahay iyo Rasuulkiisa N.N.K.H addeeca, Waayo? Ilaahay waxa uu doonayaa in uu xumida ka daahiriyo Ehelka Nebiga N.N.K.H, idinkana uu idin daaahiriyo' [25]

Dabeecadda amarrada sida aad arkaysidba, waxay si guud u khusaysaa gabdhaha muslimiinta oo dhan, wax tilmaamaya in ay gaar ku yihiin xaasaska Nebiga N.N.K.H ku ma ay jiraan, balse waxaa ayaga si khaas ah hadalka loo gu jeediyay

---

24 An-Nur 31

25 سورة الأحزاب

sharfid la sharfayo iyo sarbeebid loogu sheegayo in ay yihiin kuwa ugu mudan in ay u hoggaansamaan amarradaan.

Aayadahaani waxay si cad u muujiyeen in xarragadaas ay haweenka carbeed caadada ka dhigteen xilligii jaahiliyada ay noqotay arrin mamnuuc ah iyo dhaqan xaaraan ah, iyo in gabadha laga doonayo in aysan ragga ajnabiga ah u muujin quruxdeeda iyo xubnaheeda isha soo jiita, wixii caado ahaan iskood u daahira ee isku dayga asturkooda ay gabdhuhu shiddo badan kala kulmaan mooyaane.

Waad ujeeddaa sida ay caddaynta Ilaahay xukunkaan u dhex dhigtay maageer muuqda oo culayskiisa iyo ahmiyaddiisa leh markii uu tirinayay noocayada qaraabo iyo dad ee xukunkaan la ga soo reebay, [ee uu u sheegay] mid mid, [ayada oo ay weheliso] faahfaahin aan meelna wax loo ga dari karin, si walba oo qaab-hadalka quraanka ay ku badan tahay in uu caddaynta badi axkaamta sharciga u adeegsado qaabka duuduubidda iyo in caddaynta loo ga tago sunnada daahirka ah.

Ayaga oo taa ka duulaya ayaa ay ku ijmaaceen dhammaan culumadii muslimiintu –qof ka gaar noqdayna kuma uu jirin e, in wixii wajiga iyo labada kaf aan ahayn ee jirka haweenayda ay soo hoos gelayaan waajibnimada asturka, waxa muuqanaya ee ay asturkiisa ku dhibtoonayso ka ma uu badan karo-si walba oo aan isugu dayno fududaynteeda, in ay yihiin wajiga iyo labada kaf oo caadigoodii ah, wax birbirqin ahna aan la gu samayn.

Ilaahay waxa uu nas cad oo aan macne kale qaadan karin ku amray in la asturo wax kasta oo aan ahayn waxaas muuqanaya ee leh: surka, dhuunta, tinta, I.W.M. Imaamyadii muslimiintuna marna iskuma aysan khilaafin in ay xaaraan tahay in haweenaydu isku hor qaawiso rag aan ahayn kuwa aayadda Suuradda Al-Nuur ku jirta ay sheegtay- marka laga reebo wajiga iyo kafka.

٥ Xaqiijinta [fahamka] Culumada ee wajiga laftiisa

Balse, halka ay baarista iyo dooddu uga furnayd waxay ahayd wajiga laftiisa. Waxay culumaduna ugu qabysameen laba kooxood:

Qaybta koowaad waxay 'quruxda muuqanaysa' ee aayaddaas ku jirtay ay ku fasireen quruxda dharka, darafyada xubnaha iyo wixii la muuqanaya, sida fargashiga, I.W.M. Markaana waxay wajiga iyo labada kaf hoos galayaan waxaa guud ee muujintoodu ay xaaraanta tahay. Marka aynu fasirkaan qaadannana, haweenayda uma ay bannaana in ay wajigeeda iyo labadeeda kaf u faydo cid aan ahayn inta aayaddu xustay ee qaraabada iyo dadka la xiriira ah[26].

Fasirkaan culumada qabta oo ah xambaliyada iyo qayb ka mid ah shaaficiyada, waxay u daliishadeen in arrintu sidaan tahay caddaymaha soo socda:

1) Ilaahay waxa uu yiri

وَإِذَا سَأَلْتُمُوهُنَّ مَتَٰعَا فَسْـَٔلُوهُنَّ مِن وَرَآءِ حِجَابٍ ۚ ٢٧ (٥٣)

'Marka aad alaab weydiisanaysaan, waxa aad weydiisataan ayaga oo astur ka shisheeya'

Aayaddu ha ba ku soo degto wax ku saabsan xaasaskii Nebiga N.N.K.H, haddana xukunkaan waa mid aan ayaga gaar ku ahayn, sababta ku duuganna waa ay ka dhexaysaa dumarka oo dhan, farqiga keliya ee u dheexeeya ayaga iyo dumarka intooda kalana wax tixgelin ah halkaan ku ma leh ama ba xukunkaan waxa uu dumarka oo dhan ku kulminayaa dhanka *'qiyaaska diirka ka cad* [القياس الجلي]*'* ahna kan la gu magacaabo *'qiyaaska ka la mudnaanta*[القياس الأولى] [28]*'*.

---

26 Eeg, tafsiirka al-Baydaawi marka uu fasirayo hadalka Ilaahay ee [إِلَّا مَا ظَهَرَ مِنْهَا]; al-Muqni uu qoray Ibnu Quddaamah mugga:7-aad, bogga:23-aad; al-Muqni al-Muxtaaj fii sharxi al-Minhaaj, mugga 3-aad, bogga 128-aad:

27 سورة الأحزاب

28 Waxa uu sheekhu ujeedaa: haddiiba xaasaskii Nebiga N.N.K.H sidaa la amrayo, hadde dumarka kale soo ka ma ay

2) Tani waxay noqonaysaa 'Xadiis uu Bukhaari ka werinayo Caa'isho-Allaha ka raalli noqdee, cutubka uu ka ga hadlayo dharka dumarka xajinaya xaaraanta ka ah:

'[haweenku]yaanay gafuurka xiran, indho shareeran, oo yaanay xiran dhar lagu rinjiyeeyay huruud iyo sacfaraan toonna'.

لا تَلَثَّمْ ولا تَبَرْقَعْ، ولا تلبَسْ ثوباً بِوَرْسٍ ولا زعفَرانِ

Waxaa xadiiskaa la mid ah midka uu [imaam] Maalik kitaabkiisa al-Muwadda' ka ga werinayo Naafic bin C/laahi bin Cumar A.R uu dhihi jiray

'Haweenayda xajinaysa yaanay indhashareeran, gacmagashina yaysan xiran'.

لا تنتقبُ المرأةُ المحرمةُ ولا تلبسُ القُفَّازينِ

Haddaba, haddii mar walba haweenaydu aysan shareer iyo gacmagashi xirnayn oo aysan waajib ku ahayn, maxaa keenay in la yiraahdo 'xilliga xajka yaanay xiran'?!

3) Bukhaari waxa kale oo uu ka werinayaa C/llaahi bin Cabaas in Nebigu N.N.K.H uu maalinta ciidda udxiyada [asaga oo faraskiisa saaran] uu dabakafuul ka dhigtay Fadli bin Cabbaas-waxaana [xadiiskaan] ku xusan qisada

---

sii mudna oo fidanada la ga baqayo soo uga ma sii halis badna. T gabar ka soo jeedda qabiilka 'Khathcam' oo Nebiga N.N.K.H hor istaagtay ayada oo su'aalo weydiinaysa. Fadli ayaa gabadhii ku dhaygagay, Nebiguna N.N.K.H garkiisa ayaa uu qabtay oo waa uu sii jeediyay'. Waxay [culumadu] dhaheen 'haddii wajigeedu uusan ahayn cawro aanay banaananyn in uu nin ajnabi ka ah fiiriyo[29], Nebigu N.N.K.H sidaa Fadli uma uusan galeen. Waxaana haweenaydaas cudurdaar ugu ahayd faydidda wajigeeda in ay xaajiyad ahayd.

4) Waxa uu Muslim ka werinayo Cuqba bin Caamir in Nebigu N.N.K.H uu yiri:

'Iska ilaaliya in aad dumarka u soo gashaan', nin Ansaartii ka mid ah ayaa yiri 'Ergaygii Ilaahayoow, ka warran haddii ninkaas uu dumaashigeed yahay?' waxa uu yiri Nebigu SCW 'Dumaashigu waaba geeri'.

إِيَّاكُم والدُّخولَ على النِّساءِ . فقالَ رجلٌ مِنَ الأنصار :

يا رسولَ اللَّهِ ! أفرأيتَ الحمَوَ ؟ قالَ : الحمُوُ : الموتُ

---

29 Laakiin xitaa sida culumada dhanka kale ay qabaan haddii uusan wajigu cawro ahayn ma ay bannaana in uu nin ajnabi ah eego ama marka ishiisu ku dhacdo uu weli sii eego. Marnaba eegidda dumarku ku ma ay xirna cawrannimada wajiga iyo la'aanteed. Waxaa keliya loo oggol yahay ninka guur u soo aadaya in uu wajigeeda iyo labadeeda kaf iska dhugto jeer uu ku qanco ama ka qanco.T

Dumaashigu waa saygeed walaalihii iyo wixii la mid ah ee qaraabadiisa kale.

Haddaba, haddii haweenayda guud ahaanteedu aysan cawro ka ahayn ragga ajnabiga ka ah, sidaa furan uma uusan mamnuuceen in loo soo galo, oo mamnuuciddaasi waxay kulminaysaa dhammaan xaaladaha kala duwan ee haweenayda marba haddii wajigeedu muuqdo oo ah sida ay haweenka oo dhan guryahooda ku joogaan. Waxaa uu xukunku jiitay sida aynu ujeednaba xitaa ninkeeda walaalkii, oo asagana loo ma oggola in uu u soo galo xaaska walaalki. Haddii wajigu uusan cawro ahaynna-si loogu turo dumaashiyaalka, waxaa la ga soo reebi lahaa marka ay haweenaydu asturato jirkeeda oo dhan wixii aan ka ahayn wajiga iyo labada kaf.

5) Waxa u C/risaaq ku weriyay kitaabkiisa 'al-Musannaf', qayrkina [ay weriyeen] in Ummu-Salama (A.R) ay tiri:

'Markii ay aayadda xijaabku soo degtay, waxaa soo baxay dumarkii ansaarta, ayaga oo aad mooddid in ay tukayaal madaxa ka saran yihiin'.

لَمَّا نزلت: يُدْنِينَ عَلَيْهِنَّ مِنْ جَلَابِيبِهِنَّ خرجَ نساءُ
الأنصار كأنَّ على رؤوسِهِنَّ الغِربانَ

Waxa ay sidaa u leedahayna waa in ay wajigooda ku qariyeen hagoogtooda inta dheeraadka ku ah, si kale oo ay isu ekaysiintaani ku suuroobaysana ma ay jirto.

6) Waxa ay Muslim iyo qaar kale ba ka weriyeen Anas bin Maalik (A.R) in Ummu-Saliim ay samaysay Xays[30], ayna Nebiga N.N.K.H ugu soo dhiibtay munaasabadda arooskiisii Saynaba Binti Jaxash, Suubbanuhun-N.N.K.H waxa uu martiqaaday asxaabtiisa, way fariisteen oo iska sheekaysteen, Suubbanuhun-N.N.K.H waa uu fadhiyay, xaaskiisuna waxay u sii jeedday dhanka darbiga jeer ay baxeen.

Xadiisku waxa la doonayo si cad ayaa uu u tusinayaa. La oran mayo: arrintaani waxay noqon kartaa xukun gaar ku ah xaasaska Nebiga N.N.K.H. Maxaa yeelay farqiga u dhexeeya xaasaska Suubbanaha-N.N.K.H iyo dumarka muslimiinta intooda kale waa uun farqi xilli oo qura, oo sharciyaynta xijaabku marka hore waxay ku fushay xaasaskii Suubbanaha-N.N.K.H, ka dibna waxay wada kulmisay dumarka muslimiinta intooda kale.

Haddiiba wajiyada xaasaskii Nebiga N.N.K.H ay cawro ka yihiin ragga ajnabiga ah–weliba ayaga oo hooyooyinkood ah sida aad og tahayba, hadde haweenka intooda kalana in ay sidaa oo kale cawro ka noqdaan ayaa ka sii mudan.

---

30 Nooc macmacaanka ka mid ah oo ka samaysan: timir, garoor iyo subag la isku qooshay.T

7) Wax uu Ibnu Hishaam ka weriyay Ibni Isxaaq oo ah in sababta yahuuddii reer Banii-qaynuqa-ac looga raray Madiina ay ahayd: gabar carbeed ayaa alaab suuqa reer Banii-qaynuqaac keensatay oo ku iibisay, waxayna u timid dahabshiile halkaa joogay, deetana waxay ka dalbadeen in ay wajigeeda faydo, ayana waa ay diidday. Dahabshiilkii ayaa faraqeeda qabtay oo gadal isugu xiray, markii ay kacdayna waxaa muuqday jirkeeda qaarkii, deetana qosol ayaa ay ku cammirteen, waxaana judhiiba ku booday nin muslim ah oo dahabshiilkii dilay, [sii wad] ilaa dhammaadka [dhacdada]. Haddii xijaabka sharciga ah uusan gaarsiisnayn asturka wajiga, ma aanay jirteen sabab ku kallifta in ay haweenaydaasi jidka marto ayada oo waji qarsoon, sidaa haddii aanay ku dhaqanka diinta darteed u samaynaynna yahuuddu ma aanay heleen sabab ku riixda in ay ka caroodaan dareenkeeda diineed.

*

Kooxda labaadna waxay 'waxa muuqanaya' ku fasireen wajiga iyo labada kaf, oo labadoodu waa waxa muuqanaya ee asturiddooda joogtada ah ay haweenaydu ku dhibtoonayso, waana labada muuqanaya ee ay bannaynayso marka ay tukanayso, waxaana habboon in eegmaduna ay xukunka ka la mid noqoto.

Laakiin qolyaha fasirkaan qaba–waana maalikiyada, xanafiyada iyo qayb ka mid ah shaaficiyada e[31], waxay muujinta wajiga shardi uga dhigeen in aan la gaarsiin heer uu fidnada ragga kaakicin karo sida in la soo qurxiyo ama quruxdiisa aad loo muujiyo, iyo in aysan ku faydin meel ay joogaan faasiqiinta maluhu u badan yahay in sidii Ilaaha faray aanay araggooda u laabayn e, ay hawadooda iyo baahinafeeddooda ay u hoggaansamayaan. Haddii la waayo labadaa shardi midkood, waxaa waajib ku noqonaysa in ay asturto wajigeeda, si xaaladda koowaad fidnada looga hortago ama xaaladda labaadna loo baabbi'yo munkarkii ay sababtay. Waxay xaaladahaanoo kale munkarka ku baabb'in kartaa in ay faasiqiintaas ka horjoogsato eegiddeeda ama in aysan kuwaan meelahooda gurigeeda uga soo bixin ama in ay xijaabato oo ah tan saddexdaan sababood ugu fudud.

Innaga oo taa ka duulaynana, dhammaan axaadiista saxiixa ah ee la soo weriyay ee indhashareerka tusinaya ee ka mid ah waxyaalaha ay kooxda hore daliishadeen waxaa lagu fasirayaa markii fidno la ga

---

31 Eeg 'Axkaam al-Qur'aan' ee uu qoray Abiibakar bin al-Carabi, mugga 3-aad, b.1357; Axkaam al-Qur'aan ee uu qoray al-Jasaas, mugga 3-aad, b.289. al-Dur al-Mukhtaar, cutubka xaaraanta iyo xalaasha, mugga 5-aad, b.244 ee xaashiyada Bin Caabidiin.

baqayo ama waxaa la gu fasirayaa jacayl loo qabo digtooni iyo xalaalmiirasho. Sida xoogga badanina waxa weeye in badi dumarkii asxaabta iyo taabiciintu ay xalaalmiirashada iyo jacaylka ay u qabaan u digtoonaanta diinta Ilaahay ay ahayd wax shareerasho mooyee aan wax kale ku riixayn.

‖ Waxa la isku wada raacay iyo waxa la isku khilaafay:

Marka aan dib u jalleecno hadalkeennii hore, waxaynu ka dhex arkaynaa in Culimadu isku raaceen qodobbada hoos ku xusan:

1) Ma bannaana in ay gabari jirkeeda wax ka badan wajiga iyo kafka ay ku hor wax aan ka ahayn ciddii Ilaahay ka soo reebay.

2) Ma bannaana in ay muujiso wajigeeda iyo labadeeda kaf haddii ay og tahay in ay hareeraha ka joogaan kuwa eegaya qaabkii xaaranta ahaa ee uu Ilaahay ina ka reebay, sida in uu aragtida hore ee kediska ah ka dabageeyo geeyo eegmo kale, ayaduna aanay munkarkaa ku baabbi'n karin wax aan ka ahayn in ay wajigeeda ka qarsato. Middan ayaana lagu fasirayaa hadalka uu Khaddiib Al-Sharbiini ka soo minguuriyay Imam Al-Xaramayn ee uu ku sheegay in muslimiintu isku waafaqsan yihiin in haweenka aan loo oggolayn in ay guryahooda ka baxaan

ayaga oo waji faydan.

Shardigaan waxaa si qayaxan u sheegay Qurdubi oo ka soo weriyay Ibni-Khuways Mandaad[32] oo ka mid ah imaamyada mad-habta maalikiyada in uu yiri: haddii gabadhu qurxoon tahay, wajigeeda iyo labadeeda kafna looga baqo fidnayn, waxaa waajib ku noqonaysa in ay asturto[33]'.

Kitaabka Dur Al-Mukhtaar[34] Sheekha qoray oo Xanafi ah[35], waxa uu yiri 'waxaa gabadha dallinyarada ah loo diidayaa in ay ragga hortooda wajiga ku bannayso, [arrinkuna] in uu cawro yahay ma aha e, waa in fidno la ga baqanayo, ma na ay bannaana in si dareenkicis leh loo eego[36].

Waa sidaa; waxaa sugnaatay in imaamyada oo dhan- ha ahaadaan kuwa wajiga cawro u arka sida

---

32 Muxammad bin Axmed, Fiqi, usuuliyahan iyo caalim weyn oo mujtahid ahaa, waxyaalana Imaam Maalik ka la gaar noqday. Wuxuu qoray kitaab weyn oo khilaafka ku saabsan iyo kutub kale. Waxa uu dhintay 390-H. T

33 Tafsiir al-Qurdubi, mugga 1-aad, b.228.

34 Sharraxa kitaabka Tanwiir al-Absaar, waxaana kitaabkaan xaashiyo aad u weyn sii saaray Ibni Caabidiin. T

35 Al-Imaam Muxammad Calaa' al-Diin al-Xasfaki, noolaa 1025-1088 H. Fiqi, usuuli, xadiisyaqaan, fasiraa quraan, naxwoole iyo culuum kale. Waxa uu ahaa muftiga xanafiyada ee Dimishiq oo uu ku dhashay kuna dhintay. Waxa uu qoray kutub badan oo uu kan sheekhu sheegayo uu ka mid yahay.T

36 Al-Dur al-Mukhtaar, dhuldhigga [xaashiyada] ibni Caabidiin, mugga 1-aad, b.284.

xanbaliyada ama in uusan cawro ahayn sida xanafiyada iyo maalikiyada, ay ku ijmaaceen in haweenayda ay waajib ku tahay in ay asturto wajigeeda markii fidno laga baqo-sida in ay hareera joogaan cid si dareen leh u eegaysa. Waa kuma ruuxa ku andacoon kara in maanta fidno laga bedqabo, jidadkana aanay joogin cid si dareen ah dumarka u daymoonaya?

3) Waxay isku waafaqeen in ay bannaan tahay in haweenaydu ay wajigeeda bannayso ayada oo rukhsad u qaadanaysa baahi barasho ama caafimaad ama maragfur ama macaamil maragfur ka dhalan karo

Saddexdaan qodob waa halka ay ku ijmaaceen imaamyada iyo fiqiyada oo dhan.

Deetana waxay isku khilaafeen wixii xaaladahaan ka shisheeya, oo ah in haweenaydu wajigeed faydo ayada oo dhex joogta bulsho guud oo aanay ku jirin cid u la kasaysa in ay si dareen ah u dhugato-waana sawirasho maanta ismoodsiis uun ahe, waxay qaarkood sida aan aragnayba ay qaateen in aanay arrintaas wax dhib ah uga imaanayn, qaar kalana waxay qaateen wajigeeda in ay asturato in ay si walba waajib ugu tahay.

✳

Kani waa xukunka islaamka ee khuseeya lebbiska dumarka. Waxaa isku waafaqay weedha culumada muslimiinta oo dhan ayaga oo taa u cuskaday nusuus cadcad oo qayaxan oo ku jirta kitaabka Ilaahay S.O.K iyo axaadiis saxiix ah oo ka sugnaatay sunnada Suubbanaha N.N.K.H.

Haddii intaa ka dib aynu aragno dhacdooyin iyo falal kelikeli ah oo u gaar ah haweenkii asxaabta ama taabiciinta ama qayrkood, khilaafsanna waxa ay ku ijmaaceen imaamyada ee ah waxa ay ina tusinayaan kitaabka iyo sunnada [nusuustooda] qayaxan, hadde waa dhacdooyin ku xujaysan xukunka geedkago'anka ah ee ay ina tusiyeen ijmaaca imaamyada iyo nusuusta qayaxan ee kitaabka iyo sunnada, xukunka Ilaahayna waa uu ka sarreeyaa in uu noqdo kan dhacdooyinkaas ku xujaysan.

Mar haddii intaasi kuu caddaatay, waxaad ogaataa in ilaha shareecada islaamku aanay jaangoynin qaab ama dhar cayiman oo ay waajib tahay in ay haweenaydu xirato. Waxa keliya ee laga rabo waa in uu daboolo jirkeeda, uusan muujinayn ilqabatooyinkeeda[37], marada ebyoonaanteeduna waa in ay canqawyada gaarsiisan tahay, haddii ay ka sarraysana waa karaahiyo[38] xataa haddii sigisyaamo adag la gu asturo.

---

37 Xubnaha qurxoon ee indhaha ragga soo jiita ee ay ku fidnoobaan.T
38 Sarraynta waxaa laga wado waa haddii ay maradu labada

Shaqadeeda iyo Waxbarashadeeda

Haweenaydu in ay shaqo uun qabato ayada oo iskeed arsaaqad u doonaysa ama qoyskeeda ama ay ku foogganaato laan aqooneed aqoonta dheefta leh ka mid ah oo ay dirasaasayso oo ay barato, islaamka ku ma ay laha xukun aan ahayn kan guud ee rag iyo dumarba si siman ugu kulminaya.

Haddiiba aad soo heshid xaalad uu islaamku haweenayda ka hor istaagayo in ay wax ku barato gurigeeda meel aan ahayn ama ay ka soo shaqaysato, waa uun mar ay jirto wax la socda oo ah samaynta wax uun xaaran ah, sida in aysan ku dhaqmayn axkaamta asturka iyo in aysan ragga uga xijaabanayn sidii aan soo sheegnay oo kale ama in shaqadeedu ay kallifayso go'doominta ama ciriirigelinta wadiiqooyinkii tabaca ragga oo ay taana ka dhalanayso isbaraanbar ku dhaca nidaamkii masuuliyadeed ee ragga saarnaa marka si gaar ah loo eego arrimaha qoyska, si guudna bulshada islaamka.

Masalada arrintaan khusaysana waxay ku xukuman tahay qaacidada usuuliga ah ee leh *'wixii uusan la'aantii waajibku dhammaystirmayn waa waajib, wixii ay xaaraani ka dhalanysana waa*

---

canqaw ay kor ka jirto oo aan dhudhummada soo dhaafin, karaahiyaduna markaas waa karaahiyadii la macnaha ahayd xaaraannimada.T *xaaraan*.

Si walba oo ay shaqadu u sharfan tahay, way sharaf dhacaysaa haddii ay haweenayda ka dalbanayso in ay saldanadda asturkeeda ka baxdo oo ay ragga ajnabiga ahna isu dhalaaliso. Sidaa keliya ma aha e, waa xaaraan marka loo eego ragga iyo dumarkaba, oo sida ay uga dhalanyso in haweenaydu ku dambaabto in ay rag hortood quruxdeeda bannaanka soo dhigto ayaa ay keenaysaa in ragguna ay ku dhacaan dambiga dhexgalkooda iyo ku dhaygagiddooda iyo in ay banyaal u noqdaan fidnadooda.

Si kasta oo ay shaqadu asalkaba u bannaan tahay, waxay haweenayda marka la eego u noqonaysaa mid aan bannaanayn haddii ay caddaato in ay dhalinayso isbaraanbar ku yimaada nidaamka masuuliyadaha bulsheed uu islaamku u qaybiyay ragga iyo dumarka.

Faahfaahinta arrintaanina waa in sharcidejiyaha [Allaha weyn oo weyn] uu kulanka jinsi ee dhexmaraya ninka iyo naagta u nidaamiyay in uu hoos yimaado dabarrada guurka iyo nidaaymyadiisa sharciga ah. Nidaamkaanina ku ma suuroobayo wax aan ka ahayn in ay jirto xaalad labada jinsi midkood ka dhigaysa yool la raadinayo oo qur ah, jinsiga kalana ka dhigaysa kan yoolkaas raadinaya ee daba socda. Ayada oo xaaladdaan la ga duulayo ayaa ay suuroobaysaa in nidaamkaa aan ka sheekaynayno la hirgeliyo, la ga na dhigo buundada keliya ee ay lamahuraanka tahay in la ga tallaabo, la na hoos keeno dhammaan dabarradiisa iyo xuduudihiisa jeer qofka baadigoobka ku jira uusan jinsiga keli yoolkiisa ka ga helayn meel aan ka ahayn jidkaa keliya.

Haddaba, ragga iyo dumarka midkee ayaa ku habboon in la doono?!

Habka ugu fayow ee dammaanadqaadi karta xaqiijinta nidaamkaan, waa in kooda la doonayo uu weligii ku koobnaado haweenka, ragguna ay noqdaan kuwa doonaya ee daba socda.

Waxay sidaa u tahayna waa in haddii haweeynadu noqon lahayd tan baadigoobaysa nin guursada ay waayi lahayd waxa ugu soocan astaamaha abuurteeda jinsiyeed. Ilaahay waxa uu nafsi ahaan iyo jismi ahaanba haweenka u abuuray qaab ka dhigaya in ay ninka raaxo u tahay in ka badan inta uu asagu raaxo u yahay, intaa keliyana ma aha e, waxa uu farxad-nafeeddeeda[39] geliyay dareensanaanteeda in ay sidaa tahay, ninkuna uu yahay ku u taagan u hoggaansamidda sifadeedaas ay la dheer tahay. Sidaa darteed ayaa ay arrintu ku noqotay in erayada gacaltooyada iyo xodxodoshada ah ay inta badan ka yimaadan dhanka ninka, haweenayduna ay arrintaas ku qaabbisho suure aan baxayn iyo saamoobid aan isgaarayn ama aan

---

39 Al-Sacaadah ayaan eraygaanna u adeegsanayaa.

iscunayn.

Tanii waa mid, tan labaadina waxa weeye in xayndaabyada nidaamka aan soo sheegnay ay waayayaan awooddooda-maya e, jiritaankooda haddii haweenku noqon lahaayeen kuwa ragga baacsada ee xaggaa iyo xaggaaba ka ga yimaada. Muxuu [nidaamkaani] ragga ugu wacayaa in ay ku dhaqmaan shuruudaha iyo dabarrada sharciga ee aan soo tilmaannay marba haddii ay ayadu isu bandhigayso oo ay tuugayso? Oo goormee ayaa uu xeerka badeecada iyo dalabku ay waafaqeen caqligaan rogan?!

Yurub badideed, waxaa ka hanaqaaday xaalado ku qasbay haweenka in ay noqdaan kuwa doona nin guursada, marar badanna baadigooba, haddaba maxaa arrinkaan ka dhashay?

In aad jawaabta ogaatid aad bay u sahlan tahay marka aad ogaatid xaddiga ay le'eg tahay inta jeer ee ay haweenaydu soo dhacdhacday oo uu nin ku baashaalay inta ay ka helayso ninkii noqon lahaa ninkeeda dhabta ah.

Waxaa taa ka dhashay, in raggu fakareen oo ay heleen fursadaha raaxada daaha gadaashiisa ah ee fudud ee hortooda tuban in ay bateen, sababtuna ay tahay dumarka niman guursada bulshoweynta ka dhex dayaya. Way u bogeen arrinta. Waxay ka sii lugjiideen oo ay sii naceen guurkii si ay u dumarku u sii kordhiyaan baadigoobiddooda iyo baacsigooda.

Sidaa ayaa ay baadigoobkii haweenku ay islahaayeen nin idin guursada ku hela uu u noqday mid ka mid ah sababihii ay [ninba] ku wayday.

Waxaa fuftay mawjadda gogoldhaafku ay ku socotay sababo badan dartood, laakiinse sababtaan ayaa ahayd tan ugu muhiimsan. Waxaa kala yaacay qoysaskii, tiirarkoodiina waa ay u dumeen, sababo badan aawadood, laakiin waxaan shaki ku jirin in sababtaani tahay tan ugu weyn. Waxay haweenaydu wayday farxad-nafeeddeedii markii ay wayday wixii ugu qurxoonaa ee ugu qaalisanaa riyooyinkeeda oo ah in ay hoos gasho guri ku dhisma guur macaan oo farxad leh, sababo badan ayaana keenay laakiin se waxaan shaki ku jirin in sababtaani ay safka hore ka ga jirto.

Haddaba, shaki kuma jiro in nidaamka guurka sharciga ah ee lagu xaddido kulanka jinsi ee ninka iyo naagta uusan ku hirgalayn wax aan ka ahayn xaalad khasbaysa in uu ninku noqdo kan xaaska doonaya, haweenaydana ku khasbaysa in ay noqoto tan la doonayo.

Haddaba, xaalahadee ayaa dammaanadqadaya hirgelinta ujeeddadaan?

Ma jirto dammaanad aan ka ahayn tan loo marayo hirgelinta siyaasadda shareecada islaamka ee nidaamka biilka. Ninku waxa uu masuul ka yahay biilka haweenayda-ha ahaado aabbaheed ama walaalkeed am ninkeeda ama qof uun kale oo qaraabadeeda ah. Waxay haweenaydu ninkeeda ka qaadanaysaa meherkeeda oo dhammaystiran asaga oo ah siismo sidii Ilaahay u amray ah, ninkuna xaq uma laha in uu ku khasbo iskaalamaysi ama ku shirkoobid-haba joogto in uu si uun ugu riixo in ay ayadu meherka bixiso e. Ayada oo taa la laga duulayo ayaa qaddarka uu ninku dhaxalka ka helayo uu noqday laballaabka inta ay haweenaydu qaadanayso, oo ninka qaddarka uu dhaxalkaa ka helo barkii ama ka badanba waxaa ka goynaysa awoodda nidaamkaan Ilaahay [ee biilka] si loo gu kordhiyo qaybtii dumarka.

Saamaynta nidaamintaan maaliyadeed ay ku leedahay ilaalinta mabda'aan aan sheegnayna aad bay u caddahay.

Arrinkuba-sida ay qabaan lagamamurmaanka dhaqaaluhu, waa: *'Qofkii qof kale wax ka dalba, waxa uu qirtay in uu shaygaas u baahan yahay, qirashadiisa baahidaasna waxay ruuxa kale u noqonaysaa xujo uu ku weydiisto joornaato ama qiime'*. Taa macnaheeduna waxa weeye *'qofka wax doonaya ayaa qiimihiisana bixiya'*.

Haddii ay ninka iyo naagutba ogaadaan in kan labaad la ga rabo kharashaadka guurka ee leh meher iyo biilba, hadde markaana haweenka uma ay furna in ay isu soo bandhigaan oo ay doonaan, oo dalbashadeeduna amminkaas waxay noqonaysaa in ay ku dhawaaqayso baahida ay u qabto ninka iyo meherkiisa oo wada socda, waana xaalad dabageddis ku ah halbeegga isdhaafsiga dheefta iyo qaanuunka badeecada iyo dalabka. Sidaa ayaa dedaalka maaddi ee la gu dhisayo tiirka guurku ay ugu kooban tahay ragga, markaana waxaa sahlanaanaysa in la gu koobo xeerarkii sharciga ahaa ee aan soo tilmaannay.

Haddii se, ay bulshadu ku heshiiso in kharashka qoyska ee meher iyo qayrkiiba leh ay qaybsadaan ragga iyo dumarku ama uu noqdo xaq laga rabo dumarka oo qura-sida looga dhaqmaba meelo yurub ka mid ah, hadde markaa arrintu si tartiib ah ayaa ay isu dabageddinaysaa. Waxay raggu ka gaabinayaan in ay guurka ku degdegaan, baahidooda guurna ay qariyaan ayaga oo quudarraynaya in loo soo bandhigo codsiyo aad u fiican! Waxaa dhanka kalana badanaya baratanka, oo in nin la guursado la helo waxay ku xirnaanaysaa hodantinnimada [dumarka ee] badan iyo codsiyada fiican [ee dumarka ka imaanaya], deetana waxaa taa ka dhalanaya natiijooyinka kale ee xunxun.[40]

Waxaa laga yaabaa in aad degdegsan tahay oo aad isleedahay: asalkii cilmibaarista waan ka

_____

40 Arrinkaan uga ma jeedno in aan ka digayno iskaalmaysi walaxeed oo dhexmara labada xaas si ay u helaan nolol barwaaqo u leh e, waxaan taa beddelkeeda leennahay: iskaal-

fogaannay, oo hadalka guntiisu waxay ahayd 'shaqada haweenku si kasta oo ay iskeed u bannaan tahay, haddana waxay noqotaa xaaraan haddii ay keenayso in ay labto halbeegga masuuliyadaha bulsho ee ninka iyo naagta u ka la qabysan. Haddaba, muxuu yahay xiriirka hadalkaan dheer uu la leeyahay shaqada dumarka? Xaggee ayaa ay se ka ga jirtaa raadka ay shaqadeedu ku yeelan karto qaska aad sheegaysid?

Waxaan leennahay natiijada warkeennaan dheer ee aynu ku xaqiiqsannay in ay haweenaydu ku habboon tahay in ay ahaato tan la soo doono, ninkana ay waajib klu tahay in uu noqdo kan doonaya, dammaanadda arrintaasna aanay ku imaanayn wax aan ka ahayn in uu ninku noqdo kan wax bixinaya ee biilaya; natiijada warkaani, waa in aan isweydiinno: haddaba, sidee ayaa ay ku suurageli kartaa in uu ninku sii ahaado kan duudka u ritay culaabta kharashaadkaan, haweenaydana aan loo soo jiidayn in ay ninka la qaybsato ama aanay booskiisa gelin?

Jawaabtu waxa weeya: dammaanadqaadka ugu

---

maysigaani waa wanaag ay shareecadu dhiirrigelinayso oo ay soo dhawaynayso, balse waxay ku boorrinaysaa in uu ku socdo maageerkha akhlaaqeed iyo xuduudda doonista shaqsi ee ku hirgasha unkamidda jacayl iyo isudumanka labada qof ee aanay ku imaannin khasbidda qaanuunka iyo laba qof wax ku dhex mara ayaga oo aan lahayn xiriir aan ka ahayn fikradda kala faa'idaysiga iyo isku danaysashada.

weyn si ay arrimuhu sidaa toosan ugu sii socdaan waa in aysan haweenaydu arsaaqad darteed goobaha shaqada ugu soo dhaadhicin marka la ga reebo in ay jiraan duruufo aad u adaga ama xaalado aan la hurayn.

Waayo? Marka haweenaydu ay ragga la wadaagsato oo ay ku la baratanto kasbashada, kordhinta iyo ururina xoolaha, waxay shaki la'aan taa ku ciriiryaysaa ragga. Deetana waxaa isku yaacaya waajibkaadkiisii maaliyadeed iyo fagaaggiisii shaqo ayada oo ay sababtuna tahay in middaan labaad[41] ay ku ciriirisay oo ay tii horana[42] halkeedii joogto, waxaana taa ka dhalanaya mushkilad, maya e, aafo ay durba kuwa aragtida hoose leh ay ugu muuqanayso in aanay lahayn xal aan ka ahayn in haweenayda la ga dhigo tu ragga la qaybsata dhibta kharashaadka si la mid ah sida ay u la qaybsatay dheefta tabaca.

Haddaba, in ay haweenaydu ninka la wadaagsato kasabka guud-ee aan ku xirnayn duruuf ku khasbaysa, ayaa ah waxa ugu muhiimsan ee ku riixay in ay ninka la qaybsato kharashaadka guurka, sidaa oo kalana waa waxa ugu muhiimsan ee ku riixaya in arrinku iska beddelo wadiiqadiisii dabiiciga ahayd oo ay haweenayduna-si tartiibtartiib ah, ay u noqoto tan ninka raadinaysa ee doonistiisana u

_____
41 haweenayda
42 Waajibaadkii maaliyadeed ee ninka.

dheeraynaysa. Kolkaa oo qur ah ayaa ay [ninka] waayi doontaa si ay booskiisiina u hesho wadeyga maalin ama labo maalmod, maya e, saabiixka hal saac ama laba saacadood.

*

Intaas oo dhan innaga oo ka duulayna aan dhahno: haweenku in ay shaqeeyaan si ay arsaaq u kasbadaan waxaa uu iskiiba uga tirsan yahay waxyaalaha bannaan ee aan lahayn farqi u dhexeeya ragga iyo dumarka. Laakiin se waxa uu intaa ka dib kasban karaa xukunka xaaraannimada haddii ay wax xaaran ah ka dhalanayso. Waxayna taasi ka ga imaan kartaa labo dhan midkood:

1) In ay haweenaydu shaqada ku waayayso awooddeedii ay ragga isaga asturi lahayd sidii uu Ilaahay S.O.K uu amray, ayna faafto in ayada iyo raggu ay si foolxun isu dhexgalaan.

2) In ay keento khalkhalka aan soo sharraxnay oo uu isdhimo miisaanka sharciga ee uu ku socdo qaanuunka guurku, ayna ka dhalato khataraha cabsida badan ee aan soo tilmaannay. Markaa ayaa bannaanideedii ay isu beddelaysaa xaaraan aan shaki ku jirin, arrimuhuna waxay ku xiran yihiin natiijooyinkooda dhow ama fog e, ma aha muuqooda iyo suuraddooda qurxoon ee qallalan.

Xayaabo-cilmiyeed gacankurimis ah

Waxa aan kuu soo caddeeyay ee xukunka Ilaahay ee ku aaddan lebbiska haweenayda, waxbarashadeeda, iyo shaqadeeda ayada oo ay la socdaan daliillo cadcad oo aanay mugdi iyo madmadow iyo fasir kale lahayn waxaa ay ku filan yihiin oo ay deeqaan qofkii Ilaahay S.O.K rumeeyay, naftiisa iyo dadkana uga run sheegay rumayntiisa in quraanku yahay hadalkii Ilaahay S.O.K iyo in nebi Muxammad N.N.K.H uu yahay ergaygii Ilaahay uu bishaarada iyo digniinta ugu soo dhiibay caalamka oo dhan.

Qofkii qayb munaafaqad ah ay ku jirto iimaankiisa ama raadintiisa ku aaddan barashada xukunka Ilaahay ama raadintiisa raalli ahaanshaha Eebbe, hadde waxa uu awoodaa in waxa aan soo sheegnay uu sadar walba ku dirqiyo xayaabo iyo bushi, waxa kale oo uu awoodaa in uu ka soo faarfaaro kitaabka Ilaahay gudihiisa iyo hadalka qoran ee sunnada wax la xiriira sidii uu ku sugi lahaa wax ka beddelan waxa aan niri-walow uu naf ahaantiisa og yahay in uu arrintaas ka been sheegayo

Sancada leexinta aayaadka Ilaahay iyo ku cayaaridda erayadiisu ma aha wax adag, waxaa hore ugu farayaraystay reer banii Israa'iil si ay ugu helaan xoogaa yar oo dhalaal adduun ah; waxaa ku farayasraystay abuukaatayaasha waayadaan si ay u tabcaan dheeraad isla badeecaadaan ah, si lamid ah sida ay ugu farayaraysteen in badan oo maanta ku mashquulsan agabyada culuumta shareecada si ay isu gu qurxiyaan oo ay u la hor istaagaan kuwa markii korkaa la ga eego milkisan ilaalintooda iyo in ay ku baritaaraan koridda jaranjarooyinka xilalka adduunyada dhammaanaysa.

Imaam Al-Shaadibi[43] ayaa kitaabkiisa 'Al-Muwaafaqaad' waxa uu ku yiri 'ka dib markii uu soo bandhigay muuqaallo iyo tusaalayaal ka mid ah xeeladaha ehlu baadilku ay u adeegsadaan ku cayaaridda nusuuta daliillada iyo sida ay ugu xeeladaystaan qaacidooyinka axkaamta:

'Sidaa darteed, soo heli maysid firqooyinka lunsan middood iyo kuwa axkaamta isku khilaafsan midkood oo u taag waayay in uu mad-habkiisa ku difaaco daliillo kor-ka-xaadis ah, tusaalayaashoodana waan soo dhaafnay. Iska ba daaye, waxaan goobjoog u ahayn oo aan soo aragnay kuwa faasiqiin ah oo masalooyin fisiqooda ah u daliishanaya caddaymo ay u aanaynayaan shareecada hufan. Kitaabbada taariikhda iyo

---

43 Al-Imaam abuu-Isxaaq Ibraahim bin Muuse, caalim weyn oo looga dambeeyo cilmiga masaalixda shareecada islaamka, fiqiga, usuushiisa, carabiyadda laamaheeda ka la duwan, tasawufka iyo aqoonsashada bidcada iyo burinteeda, ahaana xadiisyaqaan. Waxa uu qoray kutub badan, diinta iyo sunnadana si weyn u daafaca, u na fidiyay. Waxa uu Garnaada, Andalus [Garanadah, Spain] uu ku dhintay sannadkii 790H. T

xadiisyadana waxaa ku yaalla kuwa ugu qosolka iyo folxumaa badan xagga luqunjibbaaridda shareecada.

Masalada isku daawaynta cabtoynimada[44]

---

44 Warka masaladan oo kooban waa in Xaamid Bin Cabbaas (Wasiirka khaliifkii cabbaasiyiinta ee al-Muqtadir) uu xoghayihii wasaaradda ee Cali Bin Ciise weydiiday dawada cabtoynimada, oo [khamriga] ayaa uu aad u la qabatimay. Wuu ka jeestay, deetana waxa uu weydiiyay Guddmooyihii golaha Garsoorka, Abaa Camar, asna waxa uu ugu jawaabay:

(وَمَا آتَاكُمُ الرَّسُولُ فَخُذُوهُ وَمَا نَهَاكُمْ عَنْهُ فَانْتَهُوا)

'wixii uu rasuulku idiin la yimaado qaata, wuxuu idin ka reebana ka hara'

Nebiguna N.N.K.H waxa uu yiri:

اسْتَعِينُوا فِي الصِّنَاعَاتِ بِأَهْلِهَا

'Farsamooyinka u dirsada farsamayaqaannadooda',

Waagii jaahiliyadana waxaa sancadaan caan ku ahaa al-Acshaa, waxa uuna yiri:

وكأس شربت على لذة ... واخرى تداويت منها بها

'Kabbadii macaansiga, ku dabiibay jaalkeed'

Waxaa dabadi casrigii Islaamka ku soo xigay Abuu-nawaas oo yiri:

دع عنك لومي فإن اللوم إغراء ... وداوني بالتي كانت هي الداء

Waxba hay canaanane dagaal, waa cabtooy noqo e
Igu coodi daawada middii caddibka loo uumay

waxaad ka eegtaa buugga la yiraahdo 'Durrah al-Gawaas[45]' ee uu qoray Xariiri iyo wixii la mid ah. Taasi ha joogtee, mid kirishtaana ayaa quraanka u daliishaday saxnimada waxa ay qabaan, deetana waxa uu sawirtay in ay muslimiinta ka la siman yihiin tawxiidka- Ilaahay si weyn oo weyn ayaa uu uga sarreeyaa waxay ay ku hadaaqayaan.

Sidaa darteedna, ruuxii walba ee baaraya daliilladda shareecada waxaa waajib ku ah in uu ilaaliyo fahamka dadkii u horreeyay, wixii dhaqankoodu ahaa ayaana ah kan ugu mudan saxnida, aqoonta iyo dhaqankana ugu toosan'.[46]

Balse, warkaan macnihiisu ma aha in qofka aqoonsashada xaqa doonaya uu ku dhex lumayo maldihidda dhagarqabayaasha iyo naseexada culumada dhabta ah, oo qofka ay dhab ka tahay

---

Jawaabtii ayaa uu la ifay wajigii Xaamid, waxa uuna ujeestay Cali bin Ciise, oo uu ku yiri: maxaa ku gaari lahaa haddii aad u jawaabi lahayd sida guddoomiyaha garsoorayaasha ee aayadaha iyo xadiisyada galka ka la soo baxay?! Shaki ku ma jiro in waxaani yihiin fuxshi liita oo ka soo fulay guddoomiyaha garsoorayaasha, uuna la mid yahay fuxshiga ay ku kacaan sida caadiga ah badi dadka la nooca ah ee faasiqiinta iyo dhaandhaannada ah. Q [Xadiiska halkaan ku jirana ma aha xadiis jira laakiin waa murti wanaagsan. T]

45 Jooharta Quusaaga. T
46 Al-Muwaafaqaat, Shaadibi: 3/76 &77.

xaq raadintu caddaymaha xaqa ka ma uu waayo
nusuusta sugan ee cadcad ee ifaysa, haddii uu
garashada nusuustaan ka dayoobana ka ma uu
waayayo caddaymihiisa wixii qarniyadii tegay ay
ku ijmaaceen salafkii suubbanaa, haddii uusan
salafkii suubbanaana xog ka hayn, caddaymihiisa
ka ma uu waayayo toosnaanta caalimka u
jawaabaya, dhaqan wanaaggiisa, habdhaqankiisa
bulsheed, iyo sida uu ugu adkaysto xaqa marka ay
fidnooyinka iyo hawanafeeddu soo wajahaan.
Haddii uu xaqiiqooyinka islaamka ka dhex waayo
wax uun intaan ka mid ah wax tusiya, hadde
beladu naftiisa ayaa ay ka socotaa inta aanay uga
imaan dhagarta dhagarqabayaasha ama siridda
marinhabaabiyayaasha. Oo muslimku mulsim sax
ah noqon mayo jeer uu diintiisa u yeesho wax uun
garasho ah oo astaamaha xaqa u tilmaanata-ha ba
fogaatee, hoobadka lumiddana uga digta-si guud
ba ha ahaatee. Waana lagu addoonsaday in uu
tabcado xoogaagaas garashada islaamka ah, waa se
haddii uu naftiisa la rabo islaannimo iyo in uu u
hoggaansamo xukunka Ilaahay.

Haddaba, haddii ay tani tahay waajibka muslim
walba oo buundadaan nolosha dul maraya, hadde
dadka uu Ilaahay ku ammaaneeyay wax uun ka
mid ah sifooyinka aqoonta u gaarka ah ama
awoodda baraarujinta iyo aftahamada ee ka na mid
ah kuwa Ilaahay ku la ballamay runta iyo in ay

diintiisa daacad u noqdaan, waxaa laga doonayaa in ay caammada muslimiinta ku caawiyaan tabcashada garashadaan guud ee islaannimo iyo in ay u kashifaan qasharka aqoonta iyo dhagarta marinahabaabiyayaashu mar walba oo wax uun ka mid ah ay jidkaa uga ga hor yimaadaan.

Waa dhab, dhammaan qaybaha kala duwan ee bulshada waxaa waajib ku ah in ay isu kaalmaystaan aqoonsahada xaqa, ayna guntiga isuqabsadaan si ay isaga ilaaliyaan ku simbiririxashada carada Ilaahay iyo u weecashada shammaagta sheydaammada, sidaana waxaa ka ga fogaanaya marinhabaabiyayaasha, waxaana qaawismaysa dhagartooda oo cidina ku ma ay dagmayso.

U malayn mayo in uu jiro saabsane ay marinhabaabiyayaashu culayskooda isu gu geeyaan ayaga oo doonaya in ay xaqa ku laaqaan baadil, ayna lumiyaan astaamaha xukunka Ilaahay ee ku soo arooray, oo ka halis badan, ka na muhiimsan saabsanaha haweenka. Ma aanan arag wargays ama joornaal aan si dhow iyo si fog toonna shuqul ugu lahayn diinta, oo aan xiranayn dharka diinta oo aan barraaqsanayn kuraasta hanuuninta diineed marka uu u yimaado qof xambaarsan xayaabo la xiriirta dumarka oo uu ka soo helay kitaabbada taariikhda ama uu falkiyay beenabuur uu ku samaynayo ilaha sharcidejinta. Waxayna ku faafinaysaa boggeeda hore ayada oo adeegsanaysa magaca diinta iyo hanuunka. Markii uu u yimaado qof ku baraarujiya in ay tahay xayaabo gacankurimis ah ama beenabuurasho la soo maleegay waxay u degdegtaa in ay iska bixiso shuluggii wadaadnimada, waxay harraatidaa minbarkii hanuuninta, waxay illowdaa weynayneenteedii Rasuulka ee iska yeelyeelka ahayd markii ay u aanaynaysay marinhabowyada, waxayna iska dhego iyo indhaba tirtaa waanada xaqa ka dib markii ay nafteeda ka dhigtay gaadiid u jarabaran dhagar baadil ah oo bidaar leh.[47]

Haddaba, waa maxay Xayaaboooyinkaan?

Walaashayda muslimadda ah, waan kuu dulmaraya. In aad xaqiiqadooda ogaatid waxaa kuu gu jira wax kuu kordhinaya rumayntaada xaqa

---

47 Inta aan ognahay waxay majallada al-Carabi ay guddoontay tobannaan cilmibaaris iyo erayo ah, kuwo gaagaaban iyo kuwo dhaadheerba leh, dhammaantodna ah naqdin ku aaddan maqaalkii sheekh Axmed Xasan al-Baaquuri ee majalladdaas dadka ku moodsiiyay in ay bannaan tahay in ragga iyo dumarku isu dhexgalaan sida ay bulshadeennu maanta tahay. In badan oo erayadaan ka mid a waxay ku summadnaayeen in ay saabsane lahaayeen, dabacsanaayeen, ayna ka fogaayeen wax ka sheegid shaqsi. Laakiin madaxa majalladdaani waa uu diiday in uu garwaaqsado qiimaha sharafta erayga iyo xorriyadda fikirka, wuxuuna giddigood ka furaystay dhegaha, wuuna iska indhasaabay. Waxa uu sidaa u yeelay waa in uu ku dedaalayo dhagarta uu Baaquuri dadka ku soo dhextuuray iyo in aanay kashifmin oo uusan dabadeed soo ifbixin xaqa aadka u cad. Waxaa madaxa majalladdaas ka maqan in dadku labo yihiin:

Ilaahay ee aan cadaynay iyo wax kuu kordhinaya ka digtoonaanta dhagarta marinhabaabiyayaasha iyo beenaha been abuurayaasha. Waxaa sidaa oo kale kuu gu jira wax hodan kaaga dhigaya u dhugyeelasho fiqi oo aad u gundheer oo xaqa kaaga soocaysa baadilka xitaa haddii midkaan labaadi uu mararka qaar yimaado asaga oo ku dahaaran bishaarooyinka diinta iyo xeerarkiisa.

Xayaabada koowaad waa xadiis ay iska laallaadiyeen qaarkood si ay u sugaan in haweenaydu ay ragga u dhex qaadi karto sidii ay doonto ayada oo aan isku kallifin wax astur ama xijaabasho ah. Waa xadiiska uu Muslim ka werinayo Anas A.R oo ah in nin reer faaris [iiraan] ah oo Nebiga N.N.K.H deris la ahaa uu ahaa nin maraq wanaagsan [cunto karin wanaagsan baa la ga wadaaye], maalin ayaa uuna Nebiga N.N.K.H u sameeyay oo waa uu u yeeray, markaa ayaa uu Nebigu N.N.K.H ku yiri: oo tanna? Caa'isho ayaa u ujeedaaye, suuye: maya; markaas ayaa uu Nebiguna yiri: anna may, haddana

---

qof hoos ugu dhacay shahawaadkiisa iyo fongornimadiisa, oo asagu sugi mayo fatwada Baaquuri iyo faafinta al-Carabi, kan kalana waa qof Ilaahay isu dhiibay oo intii karaankii ah ku dedaalaya raalligelinta Ilaahay, oo asagana ka ma ay suurowdo in uu beegsado xaggaa iyo al-Carabi ama Baaquuri si uu labadooda uga soo qaato xukunka Ilaahay. /Q

wuu u wacay, markaa ayaa uu N.N.K.H ku yiri: oo tanna? Markii saddexaad ayaa uu yiri: oggoli, deetana waa ay kaceen ayaga oo baratamaya jeer ay tageen gurigii ninka.

Xadiiskaani ma tusinayo waxa aan ka hadlayno hal shay mooyaane, waana in uu Suubbanuhu N.N.K.H uu Caa'isho u kaxaystay guriga ninkii reer Faaris, asaguna waxa uu la mid yahay sida axaadiis kale oo badanba ay tusinayaan in asxaabtu ay xaasaskooda u kaxaysan jireen masaajiddada, iyo sida ay xadiisyo kale tusinayaan booqashooyin ay asxaab badan ugu tageen hooyooyinkii muuminiinta si guud, si gaar ahna Caa'isho, sababtuna ay ahayd in ay xadiis ka soo weriyaan ama in ay fatwo ka soo helaan ama ba ay soo weydiiyaan wax ku saabsan xaaladihii Nebiga N.N.K.H. Haddaba, muxuu yahay iska horimaadka ka muuqda waxa uu daliilkaan aanay bushi iyo muranba ku jirin uu tusinayo iyo xukunka Ilaahay ee go'aamiyay in ay haweenaydu ka xijaabato ragga, raggana amraya in ay alaabaha ka weydiiyaan astur shishadii.

In Nebigu N.N.K.H diido Caa'isho la'aanteed in uu aado martiqaadka loo fidiyay, waa wax sugan oo aysan bushi iyo nuqsaaniba ku jirin. In ay ku jirto ha joogtee, waxaa ku jira muuqaal cad oo nool oo tusinaya sidii wanaagsanayd ee Suubbanuhu N.N.K.H u la dhaqmayay xaaskiisa, naxariistiisii badnayd iyo caadifaddii uu u hayay. Waxaa dhici jirtay in maalmo badan la dhaafo ayada oo aan guriga Nebiga N.N.K.H dab laga shidin, oo sida Caa'isho werinaysaba ay raashinka Suubbanaha N.N.K.H iyo raashinka ehelkiisuba ay ahaayeen labada qundul: timir iyo biyo. Ma waxa uu Suubbanuhu N.N.K.H ka tegi lahaa xaaskiisa ayada oo noloshaa adag ku raalli noqotay ayada oo asaga ku dayanaysa, oo uu deetana la'aanteed soo cunaa sabta deriskiisa reer faaris ee macaan ee cammiran! Marnaba dhaqanka Ergaygii Ilaahay N.N.K.H sidaa kuma uu raalli noqdeen. Sidaa oo kalana raalli ku ma uusan noqon markii uu Jaabir ugu wacay waxar yar oo aan buuxin karin xeero suqaar -ayada oo ay gaajadu asaga iyo asxaabtiisa ay mindhicirahooda jaqayso markii godka la qodayay, jeer uu horkacay asxaabtiisii oo dhan oo inta ka hormaray uu hilibkii ku suqaareeyay hortooda, asaga oo u adeegayana uu dheriga ag fariistay oo uusan isaga raalli noqon in uu wax cuno jeer uu hubsado in ay dhargeen-hadde dhagaxuna gaajo darteed ayaa uu caloosha ugu xirnaa!

In ay ku jirto wax tusinaya in ay Caa'isho A.R ay Suubbanaha N.N.K.H raacday ayada oo isqurxisay, ayna hor fariisatay ninka reer faaris oo ay [qoyska] u dhex gashay si la mid ah sida waayadaan ka dhex jirta qoysaska muslimiinta ee aanay diinta Ilaahay noloshooda wax agaasin ah ku lahayn, hadde waa wax aan meelna ka soo galayn waxa uu xadiisku tusinayo. Xadiiska in la xambaariyo macnahaanna waxay la mid tahay in bariga lagu dirqiyo in galbeedku dhexdiisa ka dhasho.

Cidda inoo fasiraysa qaabka ay xilligaa Caa'isho ku raacday Suubbanaha N.N.K.H waa uun hadalka Ilaahay ee ah

$$ ﴿وَلَا تَبَرَّجْنَ تَبَرُّجَ الْجَاهِلِيَّةِ الْأُولَىٰ﴾ $$

'Ha isu xarragaysiinnina sidii jaahiliyaddii hore oo kale ay habluhu isu-xarragaysiin jireen'

iyo Hadalka Ilaahay ee kale

$$ ﴿وَإِذَا سَأَلْتُمُوهُنَّ مَتَاعًا فَاسْأَلُوهُنَّ مِنْ وَرَاءِ حِجَابٍ﴾ $$

'Marka aad weydiisanaysaan alaab, waxaad weydiisataan ayaga oo astur ka shisheeya'

iyo hadalkii Ilaahay ee kale ee ahaa

$$ ﴿وَلَا يُبْدِينَ زِينَتَهُنَّ إِلَّا لِبُعُولَتِهِنَّ أَوْ آبَائِهِنَّ أَوْ آبَاءِ بُعُولَتِهِنَّ﴾ $$

'Quruxdooda yaanay u muujin, cid aan ka ahayn: nimankooda, aabbayaashood, soddogyadood'....

iyo intii ay aayaddu sheegtay.

Waxaa kale oo qaabkaan fasiraya oo sharraxaya xadiis ay Muslim iyo qeyrki ka werinayaan Anas bin Maalik A.R oo ah in munaasabaddii guurkii

Suubbanaha N.N.K.H ee Saynab binti Jaxash ay Ummu Saliim samaysay Xays (nooc macmacaanka ka mid ah[48]), ayna u soo dhiibtay Nebiga N.N.K.H, oo uu Rasuulkuna N.N.K.H martiqaaday asxaabtiisa, way fariisteen oo iska sheekaysteen ayada oo Rasuulku N.N.K.H fadhiyo, xaaskiisiina ay u sii jeeddo dhanka darbiga jeer ay guriga ka baxeen.

Waxaa ku dheeldheelidda diinta Ilaahay ee yaabka leh ka mid ah in aan iska indhatirno nusuustaan inoo sharraxaysa xaaladdii ay Caa'isho Nebiga N.N.K.H ugu raacday guriga ninkii deriskiisa ahaa ee reer faaris, deetana aan u kasno in aan ku sharraxno khayaali uu qof isaga dhaadhicinayo in ay ku soo raacday sida ay u soo baxaan gabdhaha waayadaan xaddaaradda galbeedka ayada oo isqurxisay, isdhalaalisay oo isa soo udgisay! Deetana aan khayaaligaas ka dhiganno caddayn aan la burin karin, oo aan ka dibna ku dhisanno shareeco sugan oo aan haddana ku nasakhno dhammaan nusuustii quraanka iyo xadiisyada Nebiga N.N.K.H ee aynu kal hore si wadajir ah u soo bandhignay.

Taasi waa qisada xayaabada koowaad, mana aha xayaabo e, waa uun lumin raqiis ah.

---

48 Macmacaan ka samaysan: Timir, Garroor iyo Subag la isku qooshay.

Xayaabada Labaad waa xadiis uu Bukhaari ka werinayo Sahal oo yiri: markii uu aroosay Abuu-Usayd al-Saacidiyi ayaa uu martiqaaday Nebiga N.N.K.H iyo Axaabtiisii, raashinka u ma aanay samayn, u ma na aanay keenin cid aan ka ahayn haweenaydiisii Ummu-Usayd, oo timir ku soo qoysay weel dhagax ka samaysan, markii uu Nebigu N.N.K.H uu dhammaystay cuntadii ayaa ay gacanteeda ugu qastay oo ay waraabisay ayada oo ka ga farxinaysa.

Xadiiskaan waxaa asna iska laallaadiyay cid isjeclaysiisay in aanay haweenayda wax dambi ah ka soo gaarayn soodhaweynta ninkeeda saaxiibbadii ama ehelkeeda oo ay lafteedu u adeegto, ay gacanteeda ugu keento martisoorka iyo cabbitaanka, ayna la fariisato si loo kaftamo oo loo sheekaysto si la mid ah sida loo ga dhaqmo guryo badan oo ay ka baabba'een harka sharafta iyo agaasinka diintu.

Adiguna waad og tahay in munkarka arrinta ku jira uusan ahayn weer ka dhigan koob qaxwe ah in martida loo shubo e, munkarku waa uun waxa la socda ee leh isqaawinta iyo isdhalaalinta ay haweenaydu ku soo baxayso. Arrintu ma ay khusayso sida ay dadku waayadaan u dhaqmaan ee keenidda koobka qaxwada ah e, waxaa ay arrinta oo dhan isugu imaanayso waa muuqaalka indhaqabadka ah ee ay haweenaydu ku keenayso koobka qaxwada ah.

Waxay fiqiyada iyo culumada muslimiinta oo dhan ay og yihiin in aanay wax dhib ahi ku jirin in haweenaydu ay soo baxdo ayada oo xiran lebbiskeeda islaamiga ah oo dhammaystiran ee aan xuduuddiisa soo sharraxnay, oo ay martideedana gurigeeda dhexdiisa ugu keento cuntada ama cabbitaanka ay ku soorayso ayada oo uu ninkeedii ama qaraabadeedii [raggii muxrimka u ahaa] ay joogaan

Waa middaan waxa ay xaaskii Abii-Usayd ay arooskeedii ku samaysay. Ibni Xajar markii uu xadiiska sharraxayay waxa uu yiri 'wax caad ah ma saarna in arrintaani tahay marka la ga bedqabo fidno, la na ilaaliyo wixii in la asturo ay waajib tahay'.[49]

Wax culusna ma aha in xaflad uu Nebigu N.N.K.H yimid ay caruusaddu karaamayso imaatinka Suubbanaha N.N.K.H oo ay ayadu isu xilqaanto sooryaynta Ergayga Ilaahay N.N.K.H oo ay martisoorka u keento. Arrintaa wax ceeb ku ah ku ma ay jirto, sida aanay ugu jirinba wax fadeexo ah oo Suubbanaha N.N.K.H ka soo gaaraya.

Waxaa keliya ay ceebtu dhacaysaa haddii cidda xadiiskaan iska laallaadisay ay ka heli lahayd wax tusinaya in ayada oo qaawan oo jirkeeda iyo quruxdeedu muuqdaan ay ragga soo horjoogsatay,

---

49 Fatxu al-Baari', mugga 9-aad, b.200.

waana wax aanay heliddiisu suuroobayn, xadiiskuna uusan tusinayn.

Haween badan oo asxaabta ka mid ah ayaa ka soo muuqday safafka dagaalka ayaga oo dhaawacayda dhayi jiray, dadka oommanna waraabin jiray, waxaana ka mid ahaa Ummu-Saliim A.R; haddaba yaa yiri: waxay taasi daliil u tahay in gabadhu sidii ay doonto ay ragga u dhex gasho, sidii ay doontana isugu qurxiso. In sidaa la dhaho ha joogtee, waxay badi fiqiyadu dhaheen *'waxaa haweenayda u bannaan in ay garsoore ka noqoto wixii ay ka markhaati kici karto'* waxayna dhaheen *'waxay qaban kartaa xilka muftiga'*. Haddaba, kuma ayaa awooda- asaga oo cuskanaya aqoon la soo weriyay, in ay haweenayda u bannaan tahay in ay ka xorowdo dabarka asturka iyo xijaabka iyo in ay qaybteeda ka qaadato raaxada isudhalaalinta iyo isu qurxinta ciddii ay doonto!

Caruusaddii ayaa istaagtay ayada oo Nebiga N.N.K.H cabbitaan siisnaysa. Haddaba, waxaa haweenayda u bannaan in ay quruxdeeda iyo ilqabadkeeda ay ragga u muujiso. Tani ma waysan ka dhignayn sidii qof leh: Ilaahay waxa uu jideeyay in maalka la gu ganacsado, arlada Ilaahayna loogu goosho arsaaqad raadin, haddaba waxaa ganacsadaha u bannaan in uu ribo ku macaamilo oo wax khiyaano, uu wax dhagro oo uu [dadka] gaado. Waa kuma ruuxa islaamka bartay, deetana aan baran in uu [islaamku] dadka u soo uruuriyay dacallada danaha [masaalixda] oo dhan markii uu wadiiqadeeda u fududeeyay ayada oo ka saafan calwinta sharka, ka na maran waxyaalaha fasahaadka kiciya, la guna waardiyeeyay dabarrada ka digidda qallooca?

Xayaabadaan qofka leh ma waxa uu Sharcidejiyaha [Ilaahay] xikmadda badan ee weyn uu ka doonayaa in uu haweenayda ka dhigo wasakh aan jid haysan, mushkilad aan xallinayn, ninka aan waxba la kaashanayn, oo markaa oo qur ah miyaa uu fahmayaa macnaha erayga Ilaahay ee ah *'yaanay quruxdooda muujin'*? haddaba, xaggee ayaa ay ka martay sifada ugu weyn ee islaamku la gaar yahay ee ah in uu dadka arrimahooda iyo xaaladahooda uu ka dhanka wax walba oo ay ugu jirto dan diineed ama nololeed ama caqli ama taran ama xoolo oo dhab ah, uuna u jideeyay oo uu ku boorriyay, uuna ka laalaay wax kasta oo ku dhega ama ku xiriirsama oo ah sababaha sharka iyo fasahaadka, asaga oo aan midna uga tegin wadiiqo uu kan kale ku saameeyo markii ay qofka u suuragasho in uu kala saaro oo ay sahlanaato in tii uu doono uu doorto?

Tani ma aha xayaabo u baahan cilmi baaris e, sida aad ujeedidba waa uun siriq ugaarsato oo aadan uga baahnayn ka digtoonaan iyo is ilaalin mooyee wax kale.

*

Xayaabada saddexaad haweenkii Islaamka ee caanka ahaa ee kala dabaqadda ahaa waxaa ku jiray kuwo badan oo aan wajigooda xijaabin ayada oo ay jirto in ay caan ku ahaayeen dhexgalka ragga.

Qolada xayaabadaan buunbuuninaysa waxay aadeen kutubta taariikhda iyo kuwa sooyaalka dadka ayaga oo ka baaraya haweenkaan oo kale, jeer ay ka soo gurbisteen koox dumar ah magacyadooda oo sida- wararka la ga soo sheegay ay sheegayaanba, aan dan ka lahayn in ay ragga isku hor qaawiyaan iyo in ay ku la kulmaan kulannada aqoonta iyo suugaanta ayaga oo aan isdhawrayn ama aan wax dhibsi ah dareemayn. Waxay ku dareen Caa'isho binti Dalxah oo aan waligeed wajigeeda cidna ka asturin; Siti[50].Sukayna binti al-Xusayn oo lahayd gole iyo kulan suugaaneedyo ay isugu yimaadaan xulka suugaanyahannada iyo abwaniinta; Hinda binti Nucmaan bin Bashiir oo munaasabado badan ka soo muuqan jirtay ayada oo uu wajigeedu faydan yahay; Xaaskii Cabdimalik bin Marwaan–amiirkii muuminiinta, Siti. Kharqaa' Al-Caamiriyah iyo gabadheeda Faadima oo labaduba ay lahaayeen gole la iskugu yimaado inta lagu jiro maalmaha xajka jeer uu jeclaaday Durrimmah oo uu u tiriyay gabay ka mid ah

---

50 Waxaan u adeegsanayaa erayga al-Sayidah.T

gabayadiisa kuwa ugu heer sarreeyay, iyo Wilaadah oo ahayd mucaashaqaddii Ibnu Sayduun oo golaheeda suugaaneed ee caanka ahaa iman jiray!.

Warar laga sheegay dumarkaan oo kale ayaa uu qofka xayaabadaan leh u daliishaday in aanay shareecada islaamku haweenaydu ku xirin wax astur ama xijaab ah, aysan una diidin in ay golayaasha iyo kulannada ragga ay dhexgasho ayada oo aanay jirin wax farqi ah oo u dhexeeya.

Haddaba, warkaan oo kale halkee ayaa uu ka ga jiraa ilaha laga qaato axkaamta shareecada Islaamka? Ma kitaabkii Ilaahay baa? Ma Sunnadii Nebiga N.N.K.H baa? Ma Israacii culumada Muslimiinta baa? Ma Qiyaas baa? Innagu ma ogin wax ka shisheeya afartaas oo daliil ay sharciyayn ku sugnaato ah.

Haddii sooyaalka dadku uu yahay daliil sharci ah oo la raaco, maxaynu u oran waynay waa xalaal ayada oo la ga soo helay in ay asxaabtii, taabiciintii iyo hoggaamiyayaashii muslimiinta ay ku jireen qaar khamro cabbay? Maya e, maxay ayaa aynaan u oranayn xalaalnimada dhillaysiga ayada oo ay asxaabtii, taabiciintii iyo intii ka dambaysayba ay ku jireen dad sameeyay?

Maxaan ugu celcelinaynaa hadalkii Rasuulka N.N.K.H ee ahaa: *'aadanaha oo dhammi waa gef badanayaal'*[51] marba haddii aan gefka aadanaha ka

---

51 Tirmidi iyo Axmed ayaa erayadaan ku weriyay.

dhigayno xujo iyo sharciyayn?.

Waxyaabaha fiira-horaadda lagu garanyo ee islaamka waxaa ka mid ah *'in dhaqanka dadku aanay ahayn daliil sharci ah, haddii uusan qofkaasi ahayn Rasuul uu Ilaahay S.O.K shareeco u waxyooday, oo markaa hadalkiisa, ficilkiisa, wixii agtiisa lagu sameeyo ee uusan ka hor imaan ay dhammaantood yihiin il sharci dejin'*; haddaba haweenka uu wararkooda soo gurubsaday xayaabadaan qofkeedu ma waxay ahaayeen ergo Ilaahay uu dadka u soo diray?

Si walba oo uu xayaabadaan qofkeedu u arko dumarkaas, haddana waxaa dhammaantood barbar yaalla dumar fara badan oo xijaaban oo ragga ajnabiga ka ah oo dhanna quruxdooda ka asturtay. Haddaba, jamaahiirtaan ballaarani maxay u noqon waayeen daliilka arrintaan, halka ay ka noqdeen kooxdaa yar ee xayaabadaan qofkiisu uu ka soo uruuriyay xilliyadii iyo waayihii hore?

Waa dhab, oo Caa'isho binti Dalxah way diidi jirtay in ay wajigeeda qariso, ninkeedii Muscab Bin Subeyr ahaana waxa uu arrintaas ku canaanan jiray xilli ka xilli. Inkiraadda Muscab waxaan ka aragnaa caddayn ina tusinaysa xaqa aynu sheegayno, wax ka badan inta gabadha dhaqankeedu ina tusayo baadilka ay xayaysiinayaan.

Faadima Al-Caamiriyah, ayaduna –sida ay lahaayeenba- waxay ragga hortooda ku faydi jirtay wajigeeda jeer uu ku fidnoobay Durrimmah oo u tiriyay gabayo badan oo uu ayada ku ammaanayo ama uu ku xodxodanayo. Sidaa oo kale, Wilaadah uma aanay aabayeeli jirin in ay suugaanyahannada iyo abwaannada ku qaabbisho gole suugaaneedkeeda ayada oo wajigeeda iyo xubnaheeda ilqabadka leh ay muuqdaan jeer uu Ibnu Sayduun Caashaqay. Balse, Ilaah baan ku dhaartay e, waxaan ka aragnaa sida uu Durrimmah ugu fidnoobay tan hore, Ibnu Sayduunna uu tan labaad u caashaqay caddayn muujinaysa xaqii uu jideeyay inta wax xukunta kan ugu xaakimsan in laballaabyo badan ku labajibbaarmaysa waxa ay ina tusinayaan xadgudubyadoodu ee daliilka u ah waxa ay u hanqaltaagayaan ehlu baadilku-waaba haddii la helo qaab muuq ahaan la isu barbardhigi karo oo loo kala sarraysiin karo e.

Xaasilka warkaan oo dhan waxa weeye in daliilka sharciga ah uu keliya yahay aayad kitbaaka Ilaahay ku jirta ama xadiis Ergayga Ilaahay N.N.K.H la ga weriyay ama wax ay ku ijmaaceen ehlu xilli walcaqdiga[52] muslimiinta ama loo ga qiyaastay xukun ku sugnaaday daliil saddexdaa daliil ka mid ah. Daliilladaan ayaa ah kuwa xukuma habdhaqanka dadka iyo ummuurahooda, ee dhaqanka dadku ma aha kuwa daliillada xukuma ee ku samayn kara wax uun nasakhid, doorin, iyo

---

52   Usuuliyiintu waxay u adeegsadaan mujtahidiinta,

fasiraad ah.

Warkaani waa war cad oo la fahmayo oo aan ka qarsoomin qof aan ka ahayn ruux dan kale leh ama ficilo [uu ku daafacayo wax kale oo uu aamminsanaa] ama hawo [naftiisa lulaysa] oo markaana ismoogaysiinaya si uu uga dulbooda oo uu u qooshto waxa uu doonayo iyo hawada uu u hamuuman yahay.

*

Xayaabada afaraad waa daliil ijtihaad ku dhisan, muuqa sarana ka haysta qaacido usuuliya oo caan ah oo leh '*xukunku waxa uu isla beddalaa isbeddelka waayaha*'[53] waxa uuna daliishiga iyo ijitihaadkaba u adeegsanayaa sidaan:

Waagii hore noloshu kuma aaanay dhisnayn warshadaha iyo awoodda qalabka, aadna loo gu ma baahnayn in gacamaha shaqaynaya ay bataan oo ay isla jaanqaadaan, sharcidejintuna-wixii la

---

Imaamu Nawaawina waxa uu leeahay 'waa culumada, waxgaradka, indheergarada, madaxda iyo dadka ay muslimiintu u la soo cararaan danahadooda iyo baahiyahooda guud. Waxaa dadkaa shardi u ah: caddaalad buuxda, aqoon ay ku gartaan cidda mudan madaxnimada, iyo talo iyo murti ay ku garowsadaan cidda ay ummadda u dooranayaan. Laakiin halkaan waxaa looga jeeda tan usuuliyiinta.

53 Qaacidadaan waa midda keliya ee kuwa ku fidnaysan nolosha casrigaan ay ka xifdisan yihiin dhammaan qaacidooyinka shareecada islaamka iyo jirriddeeda.

xiriira dumarka iyo qayrkoodna waa isku mid e, waxay waafaqsanayd dabeecaddii noloshaas, waxayna la jaanaqaadaysay heerkii xaddaaradeed ee waagaa jiray wixii uu watay, meeshana ma aanay ool wax haweenayda ku keenaya in ay gurigeeda ka soo baxdo marar ay ku khasbanaato oo dhif ah mooyaane.

Laakiin se markii noloshu u horumadhay sidaan weyn ee yaabka leh, aaladduna ay noqotay udubdhexeedka koboca xaddaaradda ee dhammaan ummadaha iyo shucuubta, ee ay warshadayntu noqotay lamahuraan aan looga maarmin la dagaallanka sababaha dibudhaca, ayaa aynu aad ugu baahannay in aan isugu wacno cid kasta oo shaqayn karta iyo in laga faa'idaysto tamar walba oo uu aadanuhu leeyahay si loo ga dabatago dhaqdhaqaaqa qalabka iyo wareegga taayiradda warshadaynta. Taasina, waxay ku hirgeli kartaa in haweenka oo kalabar bulshada ka ah laga qaybgeliyo hoggaaminta noloshaan cusub iyo in laga faa'idaysto dabeecaddeeda. Ma na ay suuroobi karto in ay la wadaagsato wax uun ka mid ah raaxada nolosha cusub ayada oo ku dabran astur iyo xijaab. Sidaa ayaa uu isu beddelay waqtigii uu ka hoos curtay xukunkii sharciga ahaa ee hore, waxayna arrintu keentay in uu xukunkuna isla beddelo maadaama ay qaacidadu tahay *'xukunku waxa uu isla beddalaa isbeddelka waayaha'.*

Tani waa xayaabo ijtihaad ku dhisan oo ay maanta dad badan ku celcelinayaan, qaarkood waa ay ku baraarugsan yihiin sida ay u khaldan tahay, balse, muslimiinta ayaa uu ku dhagrayaa, qaarkoodna waxay u qabaan daliil sharci ah oo sax ah oo waa ay qaadanayaan oo daliishanayaan, dadkana waa ay u fatwoonayaan ayaga oo taa ka abmaqaadaya.

Xaqiiqadu waxay tahay in qaacidadaan usuuliga ah ee ay daliishanayaan aanay sina u khusayn oo aanay ula xiriirin mawduucaan, horumar warshadeedka la sheegayana ma sababayo waxaan ay sheegayaan oo dhan.

Hadalkaan oo kale waxaa oran kara ummad ay warshadaheeda badan ee cammiran ay ka cabanayaan waayitaanka dadkii ku shaqayn lahaa ama ummad dib isu eegtay oo wayday hal wiil oo hareeraha jidka isaga damaashaadaya ama baagamuuddo darteed maqaayad iska fadhiya. Sida aynu ognahayna ummaddaan oo kale weli ka ma aanay soo muuqan xitaa dawladaha safka hore ku jira marka dhankaan la ga eego.

Dadkaani waxay u malaynayaan in haweenayda yurub ama maraykan ay ninka shaqada u la wadaagto si ay isaga kaashadaan gaaridda qalabka aan istaagayn, deetana waxaa la macaanaatay-ayaga oo ismoodsiiskaas ku socda, in isu ekaysiinta iyo garbatabsiga wax naftu u hawoonayso ee u janjeersanaya diraallada jinsiyeed ee qofka ay ka ga takhallusaan waaqica dibdhaca iyo tabar waaga ah ee ay la rafaadsan yihiin. Waxay horumarka warshadeed ama xadaaradeed u marayaan jidkaan haworaacnimo oo qur ah ayaga oo la moodo in ay sidaa ku furteen katiinadihii dunida oo dhan.

Way iska muuqataa in malahaani bilowgaba uu khaldan yahay.

Wadaagsiga haweenka iyo ragga ee yurub iyo meelaha la mid ah waxaa keenay labo arrimood:

1) Awoodda fisqiga iyo raaxada jinsiga isa soo tarayay jeer uusan ninku dhamman heerarka shaqada ama arrimaha nolosha oo dhan ka joogi karin dumarka iyo tan liddigeed. Ninku waxa uu ku dedaalayaa in marka uu shaqaynayo ay haweenaydu dhinac joogto shaqada uu hayo, warshadda uu ka shaqaynayo, dukaanka uu ka soo adeegto, makhaayadda uu badi tago, iyo jidka uu maraba. Caadi ahaanna, waa habdhaqan fadaq ah oo labada jinsiba u horseeday guuldarro ka badan farxadda uu u dhaliyay.

2) Sabab bakhaylnimo iyo laxjacelo adduun. Ninka reer galbeedku waxa uu maanta bakhaylnimada u la rafaadsan yahay si yaab leh! Waxaa la ga yaabaa in aabbaha qosyka aanay u muuqan wax ku riixaya in uu gabadhiisa biilo marba haddii uu rumaysan yahay in ay awooddo

in ay tagto oo ay ka shaqayso shaqadii ay doonto ama warshad ama maqaayad ama huteel! Sidaa oo kale na ninka u ma ay muuqato sabab keenaysa in uu biilo xaaskiisa marba haddii ay karto in ay dhaqaajiso oo ay xoolo ka keento meeshii ay doonto

Waa sidaa, oo baayakhlayn ba'an oo dhan ah ayaa keentay bakhaylino iyo dhabcaalnimo ba'an oo oo dhanka kale ah, oo tan hore qaybteeda ma qaadato in ay tan labaad ku tiirsanaato mooyaane.

Kuwa xayaabadaan xayaysiinaya waxaa la ga rabaa in ay garwaaqsadaan waxa ay suuragalka tahay in uu garwaaqsado qof walba oo fakaraya ee ah in nolosha galbeedku ay ku shiiqantay dheriga maaddada ku meegaaran shaqsiyadda aadanaha ee ay weheliyaan dhammaan sifooyinkeeda, hilowgeeda iyo diraalladeeda abuureed jeerna ay u ekaatay guntimo ka malaamsamay maaddada. Waxay ku dhaqdhaqaaqaysaa, ku tegaysaa oo ay ku soo noqonaysaa meeraha maaddada iyo awooddeeda, wax dhib ahna ku ma ay hayso in wixii qoysk la oran jiray uu dherigaa si buuxda ugu shiiqmay. Haddaba, maxaa qiime iyo macne ah oo u haraya qoyskaa iyo is haysashadiisa marba haddii fididdiisu ay ka dhigan tahay in waax walba ay isu beddesho shaqo aaladeed dhalinaysa tiro lacag ah oo cayiman?

Sidaa ayaa ay nolosha qoys ee yurub sida uu

waagaan xaalku u batayba ay noqotay qalfoof, raadkii arrintaasina waxay ka soo ifbaxday bulshaweynteeda. Waxay noqotay digniin ku aaddan burbur anfariir ah oo aragagax leh.

Waxaa xumaan ka hufan Ilaaha xukumay in ay taariikhdu isa soo celiso.

Boqortooyadii Rooma waxay u halaagsantay xadkabaxa fisqiga iyo arrimaha jinsiga, waxaana la socday isla natiijada ay maanta yurub ka cabanayso ee ah bakhaylnimo ba'an oo dhan ka socoto iyo baayakhlayn ba'an oo dhanka kale ka socota. Faylasuufkeedii murtida badnaa ee Waan baari ayaa buunka u yeeriyay ayada oo aan wax dheef ah u yeelan markii uu yiri:

'Roomaaniyiintaay, in badan waxaad maqasheen aniga oo ka eedsheeganaya talaxtagga ragga, dumarka, caammada iyo sharcidejiyayaasha. Waxaad in badan maqasheen aniga oo leh: jamhuuriyadda waxaa ku dhacay labo cudur oo iska horjeeda: Bakhaylnimo iyo Baayakhlayn. Waa labada cudur ee dabageddiyay boqortooyooyinkii waaweynaa!'[54].

Sababahaani waa kuwa reer galbeedka ku kallifay in ay ragga iyo dumarku wadaagsadaan goobaha tabaca iyo shaqada, ciddii caqli lehna waa ay ku baraarugsan tahay. Marnaba ma aysan ahayn waxa la gu magacaabo baahida loo qabo ka

---

54 Daa'irah al-Macaarif ee Fariid Wujdi, m.8, b.618.

dabategidda taayirka aaladda iyo gacankudhigidda nolosha warshadaha iyo wixii la mid ah.

Haddii ay tani tahay sababaha dhabta ah ee arrintaa keentay, maxaynu ugu waalanaynaa garbatabsiga dadkeeda, intaa keliya ma aha e, waxaynu madaxa kor ugu qaadaynaa innaga oo ismoodsiinayna in marka aan ku dayanno aan ayaga ka la mid noqonayno horukacii ay ku tallaabsadaan iyo horumarkii ay gaaraanba.

Xikmadda ugu muhiimsan ee ay dhalayso shar-cidejintaan ku saabsan aadaabta dumarka ee diinteenna islaamku waa ilaalinta muqaddasnimada qoyska iyo qaabdhismeedkiisa e, sidee ayaan isaga yeelyeeli karnaa in aan diinta Ilaahay ku ijtihaadno oo aan ku tiirsanno qaacido sharci ah innaga oo doonayna in aan gaarno bardhammaad uu jiritaanka qoysku ku burburayo, ayna ku baabba'ayso muqaddasnimadiisu, ayna ka ga habaabayso hanuunka anshaxeedii sharfanaa?

*

Kuwaani waa xayaaboooyinkii ay iska laallaadiyeen kuwa asturka dumarka iyo xijaabka dhibsanaya, uma na malaynayo in ay jiraan wax intaa lagu biiriyo, oo haddii aan ogahay in ay wax ka dheeri ah jiraanna, waa aan baadigoobi lahaa, deetana waxaan u soo bandhigi lahaa eegis iyo qiimayn.

Waad ujeeddaa in dhammaan xayaaboooyinkaan ay yihiin teedad gacankurimis ah si xukunka islaamka ee cad ee qayaxan looga durjiyo aragtida fayoow ee saafida ah, waxaana arrintaan og kuwa xayaysiinaya xayaabooyinkaan ee ku doodaya, laakiin se waxay carrabkooda ka ilaaliyaan in uu ku hadaaqo wax uun cilmigaan qarsoon ah. Waxay arrintaan ka ga jiraan halkii uu Ilaahay koox la nooc ah uu ka yiri:

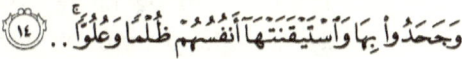

'Dulmi iyo kibir awgii waa ay dafireen ayada oo ay nafahooduna yaqiinsadeen' [55]

Haddii aan iska la jaanqaadi lahayn xayaabooyinkoodaan ka guuxaya meeshii foodda la isku daro iyo goob walba oo aan ka soo qaadno caddaymo qumman-ma na ay aha oo waa ay og yihiin e, waxba ku ma ay xoojinayso waaqacaan qalloocan ee cabsida leh ee ay u hoggaansameen jamaahiir badan oo ah gabdho iyo dumar muslimiin ah.

Xayaabooyinkaan middoodee ayaa gabadha u oggolaanaysa–haddiiba aan sawiranno saxnaanteeda, in ay u soo baxdo jidadka ayada oo muujinaysa surkeeda, dhudhummadeeda, iyo bowdyaheeda? Xayaabadee ayaa gabadha muslimka ah u fatwoonaysa in ay la saamilaysho martideeda oo ay ku soorto wixii ay isku hayso ee fidnada quruxda

---

55 Suuradda al-Naml.

iyo qooqinta ah sida uu yahayba waaqaaca guryo badan ee muslimiinta waayadaan?

Haddaba, waxa aan maanta ka cabanayno waa qallooc diineed iyo mid bulsheed khatar ah oo aan la inkiri karin, lagu na labalabayn karin, wax xiriir ahna aanay hirgelintooda la lahayn xayaabooy-inkaan wax kasta oo ay yihiinba.

Shaki kuma jiro in waaqaceennu yahay mid halistiisu uga muuqan og tahay oo uga khatar badan tahay gabadha asturan midka u arka in asturkeedu yahay wax lagu kordhiyey shareecada. Xaqiiqadaanna ku ma uu murmayo qof aan ka ahayn ruux kibirsan oo jaadgooni yaable ah.

Haddaba, aan isweydiinno middoodee ayaan u tixgelinnaa in ay tahay mushkilad xal inoo ka baahan? Ma waxay tahay gabadha diinteeda u dedaalaysa ee ku xeeldheeranaysa xaqiijinta raalli ahaanshaha Ilaahay ee jirkeeda ku gambinaysa astur dheeriya, wajigeeda iyo darafyadeeda oo dhanna ku gambinaysa ayada oo ka baqaysa in uu ku dhaygago qof si dareen leh u fiirinaya ayna ayadu sabab ugu noqoto oo ay sidaa ku qaadato dambigeedii iyo kiisii mise waa haweenayda xijaabka ku fasiranaysa dhawrsanida nafta ee naagihii caanka ahaa wajigii ay bannaysteenna ka dhiganaysa daliil muujinaya beenabuurka xijaabka oo dhanba ee ragga dhex qaadaysa ayada oo u bandhigaysa jirkeeda leh quruxda, ilqabadka iyo xaadkicisika ayada oo aan intaa oo dhan iska ga seetayn wax aan ka ahayn waxa ay ku khasbayso moodada isbedbeddelsha ee ay gacanta ku hayaan goobaha lebbiska ee muuqa kore yurubiyaanka ka ah, hoosna sahyuuniyadda yahuudda?

Waa dhab, walaashayda fekaraysaay: koodee ayaa ah mushkilad fikir, bulsheed iyo anshax oo u baahan in muhiimad la siiyo oo xal loo raadiyo?!

Miyaanay ahayn wax aad loo la yaabo in koox qoraayadeenna ah–muslimiinna ah sida ay dhaheen, iyo in badan oo wargaysyadeenna ka mid ah–oo ayana ku daabacan shaabbadda towxiidka iyo iimaanka, ay u digtoonaanta diinta Ilaahay iyo ahmiyad siinta dhabta ee ah sharciga ilaahay ay ku daraan mushkiladaha iyo musiibada ugu weyn. Waxay u gacanbanneeyeen qalimaan, waxayna xallinteeda u kaashadeen sawirrro mar xaadkicis ah, mar kalana jeesjees ah iyo andacood iyo falanqayn nafsi ah. Waxaa intaa oo dhan la isugu keenay waa koox gabdho muslimiin ah–oo si walbaba aad u yar, oo u digtoonaanta diintooda ama ku fara-adaygiddooda sharciga ilaahay ay ku riixayso in ay wajigooda xijaabka ku sii daayaan ama jirkeeda oo dhan, aysan middoodna u shafeecayn in ay ayada oo sidaa ah ay ka qaybqaadanayso u adeegidda bulshadeeda iyo ilaalinta ummaddeeda, goobaha dhaqdhaqaaqya-da saqaafadeed iyo kuwa bulshana ay ka qabato

waxa aanay kuwa kale ka qaban. Deetana
qoraayadaan iyo wargeysyadaan taa beddelkeeda
isma dareensiinayaan mushkilado ama gef uun u
baahan in la falanqeeyo iyo toosinta muuqaalka
dumarkaan faraha badan iyo gabdhahaan u
qafaalmay xukunka mehradaha lebbiska casriga ah
ee dhabarka isaga jebinaysa in ay si guud u
xakameeyaan lebbiska haweenayda dunida yurub
iyo ameerika, si gaar ahna beriga islaamka.

Miyaa aysan ahayn wax aad loo la yaabo in aan
aragno koox qoraayo ah-oo sida ay dhaheen
muslimiin ah-oo iska laallaadinaya dhacdadii
shaqsiyeed ee ay helaan ee la xiriirrta xaaladaha
dumarka muslimiinta qaarkood, si ay ugu
meelmariyaan waaqaca xanuunka badan ee aanay
qiraynin diin cirka ka timid oo qumman iyo
anshax aadane oo fayow, aan hoostana ku wadan
wax aan ahayn shar halis ah oo ay in badan
muslixiintu isugu wacdeen falanqayntiisa ee ay
qaarkoodna qaarka kale ku sheegeen in uu ku gefay
farfiiqidda halka uu ka yimid, deetana aan
dhuganayan wax uun ka mid ah xukunka Ilaahay
ee cad ee qayaxan ee ku jira kitaabkiisa, carrabka
Nebigiisa N.N.K.H, iyo waxa ay ku ijmaaceen
imaamyada muslimiinta si ay uga dhigtaan wadiiqo
ay u maraan hagaajinta wax uun ka mid ah
fasahaadkaan weyn iyo khafiifinta in uun ka mid
ah-haba yaraatee, belada isqaawintaan xaabisay

qoysaska muslimiinta ayada oo aan jidkana ka ga hor imaan wax uun isdaaficid iyo baraarujin ah.

Tobannaan cilmi baaris iyo maqaallo ah oo ku duraya, ceebaynaya, kuna jeesjeesaya haraadiga xijaabka gabadha muslimadda ah ayaa la faafiyaa xilli ka xilli, ayada oo uusan [xijaabkuna] dadka u keenin wax aan ka ahayn dheef iyo kheyr, taa beddelkeedna la ma qoro hal cilmibaaris oo indhaha u soo jeedinaysa holaca dabkaan ka baxaya guri walba ee ku sii fidaya dhammaan jidadka iyo bulshooyinka ee aan jiilka ummaddaan, maya e, dhallinyarada caalamka u soo gudbin wax aan ka ahayn sababaha halaagga iyo burburka tan ugu khatarsan.

HADALLO MARAN!

Si ay yhihiinba xayaabooyinkaas baadilka ah, waxay cadowga diintu leeyihiin caddaymo iyo hadallo kale oo ay ka rejo qabaan in ay baadilkooda ku xoojiyaan! Laakiin se waa hadallo maran oo aan lahayn fasir uu aqbali karo caqliga fayow. Waa nooc ka mid ah waxay aqoonyahanka mandiqu ku sheegaan Safsado oo ah wax qaab xujo leh, oo aan xaqiiqadeedii lahayn, waana *'erayo looga golleeyahay in nafta la dirqiyo in ka badan intii caqliga la qancin lahaa'*.

Badanaa, inta ay gabdho muuminiin ah ka ga lumeen hanuunka caqliga erayadaan la safay ee dhagarta ah, badanaa se inta ay u caddaatay in ay yihiin baaddil dhagraya laakiin se aanay u caddaan ka hor inta ay arrintu u la tallowday dhammaad aanay awoodin in ay ka soo noqdaan, maya e, togag fogfog oo aanay hayn jid ay ku dulmaraan.

Walaashayda Ilaahay rumaysaneey, waxaan anigu kuu soo bandhigayaa dhammaan erayadaan oo wata biriqoodii dhagarqabaha ahaa, deetana waxaan hortaada ka ga siibayaa beenta ku dheggan si aad u garowsatid weynida dhagarta iyo luminta ku duugan, markii ay taasi kuu caddatana, waxaad awood badan u yeelanaysaa in aad hor istaagtid baadilka aad banyaalka u tahay, waxaadna ku sii adkaysan doontaa oo aad ku sii ad-adadkaan doontaa xaqa aad ku faanaysid.

✳

Waxay ku oranayaan: dhawrsanidu waxay ku jirtaa shaqsiyaddaada, ee ma aha dabool lagu gambiyo oo la huwiyo jirkaaga, oo soo bad ma aha gabdho muuqa kore ragga ka xijaabta, hoostana ka la sameeya qooq iyo faajirnimo dhaqan u ah? Soo ma ana ay badna gabdho madax qaawan oo waji faydan oo aanay sinadu aqoon meel ay u soo marto nafsaddooda iyo dhaqankooda?

Waxaan ku leeyahay: tani waa sax. oo dharku qofna u ma uusan toleen dhawrsani uu la'yhay, u ma na uu abuurayo toosnaan aan jirin. Waa la arkaa cayaalsuuqad cayaalsuuqnimadeeda ku qarisay muuqa asturkeeda. Laakiin yaa ku andacooday in Ilaahay xijaabka jirka dumarka ugu waajibiyay si uu nafteeda daahirnimo ugu beero ama uu anshaxeeda ugu uumo dhawrsani? Yaa ku andacooday in uu Ilaahay xijaabka u jideeyay si ay ogaysiis ugu noqoto in tii aan xijaabka ku dhaqminba ay tahay cayaalsuuqad ragga ku la shamuumantay togga baadinnamada?

Ilaahay waxa uu xijaabka ugu waajibiyay haweenayda waa in uu ku ilaalinayo dhawrsanida ragga indhaha saari kara e, ma aha in uu dhawrsanideeda ka ilaalinayo indhaha ujeeda. Haddiiba ay in badan ragga la wadaagto faa'idadaan, waxaa ka weyn oo ka culus faa'idada ragga ugu jirta. Haddii kale se, miyaa qof waxgarad ah-asaga oo u dirqisan caddayntaan geddiskeeda, uu oran karaa waxaa gabadha u bannaan in ayada oo qaawan ay ragga hor timaaddo marba haddii aanay ka shakisanayn awoodda anshaxeeda iyo dhabnimada toosnaanteeda?

Dhibta ragga uga timaadda wixii indhuhu ka ga dhacaan ee xaadkiciska dumarka iyo quruxdooda ah ayaa ah mushkiladda ay bulshadu xalkeeda u baahdeen, sharciga Ilaahayna waxaa ku jira wax xalkeeda sida ugu fiican u kafaalaqaaday. Dhibta ragguna-haddii aanay jidkooda ka helin xalkaan Eebbe u keenay, waa in aanay shaki lahayn in ay dumarka xumaan u la tallaabayaan. Arrinta kuma ay filna in haweenayda xarrago-qaawan ay markaas magansato toosnida anshaxeeda ama dhawrsanida nafteeda. Waayo? Holaca belaayada nafaha ragga ku cartamaysa marka ay qaababkeeda kaakicinta iyo quruxdeeda ay la hortimaaddo waxaa ka dhalanaya wax ka xoog badanaya toosni kasta iyo dhawrsani walba oo ay haweenaydu leedahay.

*

Waxay ku oranayaan: haddii isdhexgalka ragga iyo dumarku ay shaacsane noqoto waxaa hagaagaysa dabeecadahooda, waxaana taa awgeed ka dhex qummaya saaxiibnimo nadiif ah oo aan u jihaysanayn jinsi aan una weecanayn xagga xumaanta! Haddii se la ka la dhex dhigo maageer xijaabasho ah, waxaa holcaya diraayada jinsiga, oo midba goonidiisa kan kale u kaakicinaysa, waxaana taa ka fidaya bakhtiinta nafta [qadinta iyo qarinta dareenka jinsi] iyo dabeecad xumo!

Waxaan ku leeyahay: waa sax in muuqaallada qooqintu ay waayayaan qayb ka mid ah saamayntoodii, sababta oo ah muddo dheerida caadiyoobiddooda iyo badashada faafiddooda. Laakiin se waxaa waayaya kuwa moolkeeda dhumbada ee miraheedana gurta inta la gu jiro marxalad muddo dheer ah, ka dibna ka soo laabta ayaga oo aan dan ka lahayn. Way iska muuqataa in taasi aanay ku iman in ay ka sarreeyaan awgeed, se, waxay saa la noqdeen waa in ay ku daacaqurmeen iyo in ay maalin walba ka dhargaan.

Aragtida muuqaallada iyo mowqifyada jinsi ee dareenka kicinaya ee degaannada sida Sweden oo kale ah, waxay wax caadi ah oo layaab iyo foolxumaysi toonna aan lahayn ay u tahay ciddii halkaa ku kortay ee jawiyadaasna ku noolaatay. Haddaba, ma waxay taasi ka dhigan tahay in ay ka tallaabeen dabeecaddii ku saamoobidda qallooca iyo sababihiisa, oo markaa u soo hooban mayaan, ku na saamoobi mayaan? Yaa waalan oo sidaa dhahaya?

Dhammaanteen waxaynu ognahay in ruuxa halkaa ku soo maraya muuqaallada jinsi ee faydan asaga oo aan u aabayeelayn oo aan milicsanayn laga yaabo in aad xoogaa ka dib heshid asaga oo isla hawshii ku samaynaya meel kale. Waa sidaas e, u aabayeelis la'aanta iyo ku saamoobid la'aanta muuqaallada dareenkicisku waa natiijada faafitaanka raaxada raqiis ah ee meel walba taalla e, ma aha natiijada fahan cayiman ama cusub oo la ga qaatay waxa ay indhuhu arkayaan.

Midka sawiranaya dhabnimada in jinsiga la ga saahido ayada oo aan ahayn natiijo ka dhalatay faafitaankiisa iyo bannaysashadiisa, waxa uu ka dhigan yahay sidii qof sawiranaya in uu qof gaajaysani cuntada ka saahido marka ay indhihiisa ku soo wararac dhahaan xeeryaha macaan ee wajahadaha goobaha cuntada ee midig iyo bidix jidka ka ga yaalla.

Saaxiibnimada ay sheegayaan waa uun eray ay kuwaani u adeegsanayaan waqtiyada ay asxaabtu ka nafisayaan fisiqi ay muddo dheer ku la jireen kaynta xayawaannimada iyo bannaysashada jinsiga ee aan dabarka lahayn.

Walle waa xaqiiqo sugan oo ay yaqaannaan saaxiibbadu ka hor inta aysan kuwa kale aqoonsannin.

Bakhtiin!. Koodee bakhtiiya? Ma in inanku marka uu u baxo dantiisa leh shaqo ama hawl ama waxbarasho ee aanay indhihiisu qaban wax aan kaakicinayn abuurtiisa qarsoon, gurigiisana uu ku soo laabto asaga oo nafsiyad deggan, qalbi xaaran, oo fakarkiisuna shaqaynayo mise in uu gurigiisa ka baxo oo ay dhan walba iyo qaab iyo nooc kasta uga hor yimaadan waxyaalaha dareenka kiciya, oo ay naftiisu kacdo, abuurtiisa jinsi ay qooqdo, markii uu u dhawaado sidii uu naftiisa ugu raaxayn alaha ee uu diraalladiisa [jinsina] u dharjin lahaa uu dardaro teedadka qaanuunka, ilaalinta booliska, raggannimada ninka [qaba gabadha] ama [ninka] ehelkeeda [dhaw ah]?

Haaye, koodee ayaa bakhtiiya? Waxaan su'aashaan waydiiyay wiil dhallinyaro ah oo jaamici ah oo hortayda ka ga dhawaaqay horumarkiisa aan dabranayn, sababna ka dhigtay bakhtiinta iyo erayo kale oo u eg, jawaabtiina waa uu ku margaday!

Laakiin se aniga ayaa uga jawaabay oo waxaan ku iri: waxaa laga yaabaa in aadan doonayn in la gu kacdoomo xijaabka iyo asturka keliya e, aad doonaysid in la gu kacdoomo qawaaniinta ay shareecadu u dhigtay maaraynta xiriirka jinsi ee ninka iyo naagta adiga oo doonaya in la gaaro bannaysasho jinsi oo aan la ka la reebayn oo ay aadanuhuna la wadaagsadaan walaalkood 'xayawaan' ayaga oo ka caymanaya bakhtiinta aad ka sheekaynaysid.

Haddii ay arrintu sidaa tahay, ha ka sheekayn xijaab iyo naqdintii adiga oo aan daydayan dhiirrasho aad mashruucaaga xayawaannimo ee aad ku baaqaysid aad ku la beegsatid nimanka [xaaslayaasha], aabbayaasha, shareecooyinka Ilaahay, qawaaniinta dhulka, iyo abuurta qiirada ee aadanaha dabiiciga u ah. Marka ay dhammaantood kaa yeelaan ayaa la joogaa waqtigii aad ku kacdoomi lahayd xijaab aan loo baahnayn adiga oo daliishanaya erayada aad adeegsanaysid ee bakhtiin iyo kuwa u dhigma ee aad soo qaybtay.

*

Waxay ku oranayaan: xijaabku wuxuu caqabad ku yahay in ay haweeynaydu ninka la wadaagsato horumarkiisa fikir, saqaafad iyo bulsheed, tallaabada keliya ee ugu horraysa ee loo qaado dhanka hawlaha fikir ama bulsheedna waa in ay haweenaydu faydo wajigeeda, ayna burburiso waxa ayada iyo ninka u dhexeeya ee teedad iyo waxyaalo la tixgeliyaba leh. Si la mid ah sida jidka ugu horreeya ee ay ka ga takhallusayso hibooyinkeeda iyo diyaarsanaanteeda fakar iyo bulsheed ee ka la duwanna uu u yahay in ay nafteeda ku xabbisto qafiska xijaabkaan, ayada iyo ninkana ay ka la dhex dhigto teed ka mid ah waxa aad ku magacaabaysid astur iyo anshax.

Midkoodna ka ma uu hadlo jaahilnimada haweenayda iyo dibdhaceeda jeer uu haweenayda xijaaban ka dhigo suuradda arrinkaas muujinaysa mooyaane, ka ma na uu hadlo saqaafadda haweenayda, horumarkeeda, iyo dhaqdhaqaaqya-deeda fikir iyo bulsheed jeer uu haweenayda qaawan ama wajigu bannaan yahay uu ka dhigo suuradda taas muujinaysa mooyaane!

Waxaan ku leeyahay: waxaan birta ku jarayaa in isyeelashadaan la amaamuday aanay ahayn wax ka badan beenabuurad weyn oo aan sees ku taagnayn, daliilna loo hayn.

Waxaan kuu caddaynayaa aniga oo goobjooge ah-in gabdhaheenna jaamiciyiinta ah ay ku xijaaban yihiin xijaabka islaamka, ayna ku dheggan yihiin xukunka Ilaahay S.O.K, ayna horukaca aqooneed, saqaafadeed iyo dhaqdhaqaaqyada fikir iyo bulsheedna ay ka ga horreeyaan saaxiibadoo-da-waxbarasho ee kale ee isxoreeyay.

Waxaynu wax badan oo muuqaallada liidashada iyo qaawanaanta ah ku aragnay afrika iyo meelo yurub ka mid ah, ma na aynaan arag ayaga oo dhalinaya wax uun sixir horumar cilmi iyo dhaqdhaqaaqyo fikir iyo saqaafadeed ah. Taa beddalkeedana waxaynu aragnay muuqallada ilaalinaya sharciga Ilaahay iyo xukunkiisa muuqa, quruxda, iyo lebbiska ayada oo uusan muuqaani gabdhihiisa ka soo hoobinnin horumarka fikir iyo dhaqdhaqaaqa saqaafadeed ee firfircoon.

Qof kasta oo taariikhda la socdana waxa uu og yahay in ay taariikhda islaamka ka buuxdo gabdho muslimiin ah oo isku darsaday edeb, xishood, astur, aqoon, saqaafad, iyo fikir. Waana bilowgii casrigii saxaabada, intii ka dambaysay iyo ilaa casrigaan aynu noolnahay.

Dibudhacu sababihiisa ayaa uu leeyahay, horumarkuna sababihiisa ayaa uu leeyahay! shareecada Ilaahay ee asturka iyo anshaxa in arrinta lagu dirqiyana waa dhagar fashilantay oo culaab ah, aana ka na qarsoomayn cid aan ahayn ruux ay dambeeyaan heerkiisa fikirka iyo baaritaanka xorta ah.

Annagu se ka ma shaki qabno in ay mararka qaar dibdhaca fakar iyo saqaafaseed ee haweenku ay isbiirsadaan muuqaalka astur, dhawrsasho iyo xijaabasho sida ay haweenku maanta ku yihiin dacallada jasiiradda carabta iyo khaliijka carbeed qaarkood, laakiin se waxaan shaki ku jirin in isbiirsigaani uusan ahayn arrin lamahuraan ah, wax isku tolnaan khasab ahna ka ma ay dhexdayso. Waa waaqac isku soo beegmay oo ay saacideen duruufo gumaysi iyo kuwo fikir oo cayiman. Dadka toosinta iyo hagaajinta arrimaha bulshada ku hawlanna haddii ay hagaag dhab ah doonayaan, ma ay jirto wax uga sahlan in ay labada waaqac ku kala saaran wacyi islaam oo toosan oo taageeraya asturka iyo xushmadda, riixayana sahay qaadashada aqoonta iyo saqaafadda waxtarka ah, mid walbana ay kan kale caawimaad uga dhigaan.

Waxay ku leeyihiin: gabadha neefteeda dadka ka ga qarinaysa xijaabka shishadiisa, waxay keliya dhallinyarannimadeeda maya e nolosheeda ay seejinaysaa farxadda guurka. Inanku waxa uu beegsadaa tan uu u bogo, waxa keliya ee uu wax walba oo kale hortood u bogana waa quruxdeeda iyo wixii la xiriira muuqeeda. Xagge ayaa uu taana uga ga xasilayaa haddii aanay u suuroobin in uu arko oo uu naftiisana dacal arrinkeeda iyo dabeecadaheeda ah uu ku dheeho? Sidee ayaa ay ugu suuroobaysaa haddii ay diidayso wax aan ka ahayn in ay neefteeda ka ga xabbisto maageerka indhashareerka iyo xijaabka shishadooda?

Taasi waa caddaynta ay hooyooyinku u

jeedinayaan gabdhahooda ayada oo ay midi moodayso in ay arrintaa gabdhaheeda wanaag ugu soo dabayso, ayna u soo dhawaynayso jidka doorashada inankii ay ku riyoonaysay. Waxaa taa sii dhiirigelinaya hungurigelinta ciidammada shaydaanka ee hareeraha ka jooga, ayaga oo ka faa'idaysanaya doonisteedaan, waxayna ku kordhinayaan cabsida ay ka qabto haddii ay gabadheedu xirato lebbisaka islaamka, waxayna ku taageerayaan himiladeeda haddii ay xorowdo oo ay dhex dabaalato safafka barbaarta ayada oo quruxdeeda u bandhigaysa, ku na milmaysa.

Waxaan ku leeyahay: Walle waa dhagar baadil ah oo sheegaysa waaqaca iyo xaqiiqada lidkeed. Waa dhagar ay daaciyaasha baadilku si ogaan ah u falkinayaan, ka na dahsoomaysa afkaarta hablaha iyo hooyooinka jahligooda iyo sirmiddooda awgood.

Haddii aad u fiirsatid waaqaca aynu ku noolnahay waxaad arki lahayd heerka loo soo guur doonto qoysaska iyo gabdhaha diinta ku dhaqma in ay ku dhawaad laballaab ay ka badan yihiin sida loo soo aado qoysaska xoroobay ee hirgeliyay dawada dhagarta ee ku kadsoomay. Maya e, guurka-guur ahaantiisu, waxa uu ku faafsan yahay qoysaska diinta ku dhaqma in ka badan inta uu ku faafsan yahay qoysaska kale, weliba tiro ka badan laballaab. Waxaa taa faahfaahinteeda ogaanaysa ciddii muraajacaysa tirakoobyada arrintaan qaabaadhigaya.

Aan caddeeyo sababaha dhaw iyo kuwa fog ee xaqiiqadaan, si aad u kororsatid yaqiintaada xikmadda Ilaahay S.O.K iyo in aysan aadanuhu dantooda oo la gu ilaaliyay dedaal iyo dhawrid aanay ka helayn wax aan ka ahayn ku dhaqanka sharciga Ilaahay:

Dhallinta bulshadeenna labo qolo middood ka ma ay baxsana:

1) Kooxda koowdaad si guud ayaa ay diinta ugu dhaqamaan, waxayna ku dabran yihiin anshaxa islaamka iyo badi axkaamtiisa, gaar ahaana tan bulsheed iyo wixii muuqda. Dhallinyarada qaybtaan ka mid ah waa lamahuraan in ay ku guursadaan labaatan jir ilaa soddon jir, marka la ga soo reebo dad duruufo gaar ah mooyaane. Guurku waxa uu dhallintaan oo kale uga dhigan yahay saacadda afurka qofka soomman oo waxa uu isugu geeyaa himilooyinkiisa adduun ee nolosha, waxa uuna ka dhigtaa bartamaha guushiisa oo dhan!

Barbaarka kooxdan ka tirsan waxa uu gabadha u raadiyaa sida uu jecel yahay in ay noqoto, laakiin se asaga oo ku hoos jira maageerka asturka iyo dhawrsashada uu rumeeyay ee uu ku soo dhex barbaaray. Xataa haddii ay mararka qaar duruuftu ay ka la dhex baxdo goobaabintaan sababo laga yaabo in barbaaka la gu imtixaamayo, ku ma uu xasilo gabar awlaaddiisa hooyo u noqon doonta jeer uu ka arko dhaqanka diinta iyo asturka oo ka muuqda, nolosheeduna ku salaysan tahay.

Barbaarkaan isku ma ay dhacayaan mushkiladda ah in uusan muuqeeda aqoon ama ku xasilid la'aanta dabeecaddeeda, oo shareecada Ilaahay ayaa xallisay mushkiladdaan markii ay jidaysay, maya e, ay amartay amar hanuunin iyo boorrin ah in uu eego oo uu la hadlo jeer haddii uu dareemo in aanay marka koowaad ku filnayn barashadeeda iyo hubsashada wixii uu doonayo in uu ku qanco waxaa u bannaan in uu mar labaad iyo mar saddexaadba eegmada ku celiyo.

2) Kooxda labaad waa kuwo ka baxsaday awoodda diinta iyo axkaamteeda, dan iyo heellana aan ka lahayn in uu naftiisa ku baashaaliyo wixii ay doonayso markii ay u suurowdo, wax farqi ahna uma dhexeeyaan in uu ku helo xalaal ama xaaraan. Barbaarka kooxdaan ka mid ah haddii uu guursado, waxa uu guurkiisa u dhigtaa bartamaha xilliga garmadownimada ama dhammaadkeeda. Ma helaysid kooxdaan midkood oo ku guursanaya soddon iyo shan sano jir ka hor, marka la ga reebo kuwa ay duruuf dhif ah keentay.

Guurku waxa uu qaybtaan uga dhigan yahay soo guryanoqoshada ka dib dalxiis fog oo ay raaxaduna ka dhammaysay firfircoonidii iyo tamartii oo dhan, markii ay daalka iyo noogiddu ay ka daba yimaadeenna ku soo noqday gurigiisii asaga oo doonaya raaxo iyo degganaan. Asagu-weliba asaga oo soo dhadhamiyay noocyada raaxada dheefta aan dhibta wadan ah, waxa uu imminka doonayaa xaas ugu kaalmaysa raaxada uu doonayo ama xasilooni uu baacsanayo in ka badan inta uu doonayo guur raaxo uu xaaskiisa la wadaagsado iyo farxad uu kabbashadeeda xaaskiisa ku la kulmo ah.

Badanaa inta uu kal hore isu muujiyay sidii oo uu guur doonayo oo ay gabdhuhuna xaggaa iyo xaggaa ka soo jalleeceen ayada oo ay midiba u soo bandhigayso dhalaalkeeda, dabacsanideeda, iyo quruxdeeda ayaga oo ku dhaqmaya mad-habta kuwaan la dhagray ee moodaya in aanay suuragal ahayn in ay gabadhu ninka ay doonayso ay ka hesho meel aan ka ahayn jidka ay isku qaawinayso, deetana waxa uu dhadhamiyay tan, taa iyo too, mid walbana waxa uu ka helay wixii uu doonayay oo sida aan niriba ah dheef aan magdhaw lahayn. Waxa uu mid walba ku madadaashay ayada oo saaxiibad maalin ah, deetana gadaashiisa ayaa uu ka tuuray [si uu ugu gacanbannaanaado] saaxiibtiisa berri.

Ninka iyo haweenayda waxaa jira farqi u dhexeeya oo ku aaddan u tartamidda helitaanka waxa ay naftu rabto oo ay yar tahay in ay dadku garowdsadaan, waxaana mar walba ku khasaara dumarka! Sababtuna waa in si kasta oo ay haweenaydu isaga furfurto dabarrada diinta iyo edebta aanay gaarayn figta sare ee farxaddeeda jeer ay hesho harka guri ay ku noqoto hooyo ku faraxsan. Ninkuna wax kasta oo uu yahay waxay naftiisu u hanqaltaagaysaa barwaaqo ay raaxadiisu uga saafanto calwinta qaanta ama masuuliyadda iyo dedaalka, naftiisuna ka ma ay go'du ku dhegganaanteeda jeer ay gasho diin qalbigiisa xukunta. Haddii uu diin waayana waxay ninka iyo naagtu ku kulmaan xeero mar walba haweenayda laga ga adkaanayo.

Gunta hadalkaan oo dhan waxa weeye waaqac loo jeedo oo la taaban karo oo aanay aragtidiisu u baahnayn fakar iyo baraarug. Waaqaacaasina waa in tirada kuwa u soojeeda guurka ee dhallinta diinta ku dhaqma ay laballaab ka badan tahay tirada inta guurka u soojeedda ee kuwa isfurfuray ee isxooreeyay. Kuwa diinta ku dhaqma ku ma guursadaan wax aan ka ahayn boos wanaagsan, iska ma na laallaadiyaan qurux ay dabeecadeecadda, asturka iyo diintu qurxiyeen mooyaane. Natiijada taa ka dhalatayna waxa weeyaan in guumaysnimadu aanay shaacsane ku ahayn wax aan ka ahayn qoysaska doonaya in ay ka baxsadaan manhajka diinta, xukunkeeda, iyo barbaarinteeda.

*

Walaashay muuminadda aheey, waxa aan kuu caddeeyay waa ay ku filan yihiin in ay si maangal aan laalaab lahayn ay kuugu qanciso in raacidda sharciga Ilaahay aanay kuu dammaanadqaadayn raalli ahaanshaha Ilaahay in aad heshid oo qur ah e, waxaa kale oo ay kuu dammaanadqaadaysaa xaqiijinta guushii adduunayda aad ka doonaysay oo dhan. Guushu ku ma jirto xaqiijinta khayaaliga aad suuraysanaysid e, waxay keliya ku jirtaa waaqaca ku dhaxalsiinaya xasilooni, ee noloshaadana ku qulqulinayso raaxo iyo ku raalli noqosho.

Mar haddii ay intaas oo dhan kuu caddaatay, waxaa ku la gudboon in aad u hinqatid ajiibidda xukunka Boqorkaaga weyn, in aad Ilaahay la heshiisid ka dib illow dheer iyo inkirid, oo aad jidkiisana ka dhigatid dhabbihii aad xaggiisa u sii mari lahayd, jacaylkiisana aad ka dhigan lahayd ergeeyahaaga.

Iska daa wax ay dadku kaa sheegsheegayaan iyo naqdintooda, xisaabta Ilaahay ee berri ayaana daran oo weyn!

Iska sarraysii in aad ku dedaashid raalligelintooda iyo xaqiijinta hawadooda, oo inaad raalligelinta Ilaahay kor isu gu qaaddid ayaa kuu farxad badan oo kuu badbaado badan.

Waxaad la kulmi doontaa marka aad go'aansatid in aad Ilaahay jidkiisa ku soo noqotid cid doonaysa in ay noojiso dareenkaaga ayaga oo ku gu suuxinaya culaabta salkicisyadaan dhan walba kaa hareereeyay sida ay shabakadda caaradu ay raqdeeda u xiran isu gu meegaarto oo kale iyo in ay ku xusuusiso hebladii ilqabatooyinkeeda ragga u muujin jirtay iyo hebladii fadhigeeda suugaaneed ee dadka ka dhex muuqatay.

Aniguna, waxaan ku xusuusinayaa xukunkii Ilaahay ee aan kuugu soo gudbiyay si aammin ah iyo xadiiskaan ka sugnaaday Rasuulka Ilaahay N.N.K.H, oo waxa uu leeyahay:

صِنْفَانِ مِنْ أَهْلِ النَّارِ لَمْ أَرَهُمَا: قَوْمٌ مَعَهُمْ سِيَاطٌ كَأَذْنَابِ الْبَقَرِ يَضْرِبُونَ بِهَا النَّاسَ. وَنِسَاءٌ كَاسِيَاتٌ عَارِيَاتٌ مُمِيلَاتٌ مَائِلَاتٌ، رُؤُوسُهُنَّ كَأَسْنِمَةِ الْبُخْتِ الْمَائِلَةِ. لَا يَدْخُلْنَ الْجَنَّةَ وَلَا يَجِدْنَ رِيحَهَا، وَإِنَّ رِيحَهَا لَيُوجَدُ مِنْ مَسِيرَةِ كَذَا وَكَذَا ٥٦

'Labo kooxood oo ka mid ah ehlunaarka weligay ma aanan arag: qolo wadata suuman u eg saynta lo'ada oo dadka ku garaacaya iyo dumar labbisan haddana qaawan,

---

leexsanaya[57] ayana leexday[58], madaxoodana la moodo
kuruska geela ee janjeersada[59]; jannada geli mayaan,
carafteedana urin mayaan, waxayna carfteedu ka soo
caraftaa meel loo socdo intaa iyo intaa[60]

Waxaa kale oo aad arki doontaa kuwo ku
xusuusiya quruxda adduunyada iyo wax kaakiciya
ka cukanaanta raaxadeeda iyo dhalaalkeeda.
Laakiin se anigu waxaan ku xusuusinayaa halista
cawaaqibkeeda iyo weynida raadkeeda iyo
natiijadeeda ku sugaya.

Waxaan ku xusuusinayaa maalinta Abaaliyaha
haddii aad rumaysayba jiritaankiisa.

Waxaan ku xusuusinayaa maalinta ay
dhaboobayso weedhii Ilaahay S.O.K uu ku la
hadlay koox dadka ka mid ah:

---

57 Qalbiga ragga ama hagoogtooda wajiga ka bayrinaya
ama garbahan lulaya oo xarragoonaya ama qayrkooda
falkooda xun u leexsanaya.
58 Xaqa ka leexday oo lumay ama qalbiyadooda iyo
qaalibkoodaba ragga ugu janjeersada ama dhawrsanida ka
baryay.
59 Markii uu weynaadaba sii janjeersada oo ruxma marka
geelu socdo, oo taakada madaxa ayaa ay weyneeyaan si ay u
muuqato oo ay dhinac uun ugu badato ama ragga ayaa aysan
indhaha ka laabin.
60 Waxaa weriyay: Muslim & Imaam Axmed.

وَيَوْمَ يُعْرَضُ الَّذِينَ كَفَرُوا عَلَى النَّارِ أَذْهَبْتُمْ طَيِّبَاتِكُمْ فِي حَيَاتِكُمُ الدُّنْيَا وَاسْتَمْتَعْتُم بِهَا فَالْيَوْمَ تُجْزَوْنَ عَذَابَ الْهُونِ بِمَا كُنتُمْ تَسْتَكْبِرُونَ فِي الْأَرْضِ بِغَيْرِ الْحَقِّ وَبِمَا كُنتُمْ تَفْسُقُونَ ۞

*Miyaad isdhaafiseen wixiinnii wacnaa ee noloshiinna
adduunyo oo waad ku baashaasheen, hadde, maanta waxaa
la idin ku abaalinayaa cadaabkii lagu dulloobayay,
sababtuna waa in aad dhulka xaqdarro isugu kibrin jirteen
iyo faasiqnimadaad la joogteen'*[61]

Waxaan oo dhan ayaan ku xusuusinayaa oo ayada ayaa kuu keeni og in aad naftaada u baadigoobtid farxadda adduunka iyo tan aakhiro.

Ii oggoloow, in aan ugu dambayntii ku xusuusiyo in dhammaan kuwaan dhagarqabayaasha ah ay u fakarayaan danhooda iyo baahinafeeddooda-walow sida ay ku andacooteen ay kuu nasteexaynayaan. Haddii aan naftayda u raadinayo dheefteeda, sidooda oo kale ayaan samayn lahaa, xisbigooda ayaana ku biiri lahaa, oo dee aniguba waxaan ahay nin oo naftayda waxaa hawada iyo shahwada ragga ka ga jirta waxa ayaga oo dhan ku jira oo kale. Balse, Ilaahay baan ku dhaartay e, ma doonayo in aan maalinta qiyaamaha dusha u rito dambigaaga iyo dambigayga!. Waxaan doonayaa in ku toosnaantaada xaqu ay ii noqoto ajar miisaankayga ku biira iyo in waxa xaqa ah ee aan

---

ku gu waaninayo uu noqdo ajar miisaankaaga ku biira.

Waxaan isla rabaa oo aan ku la rabaa wax ka heer sarreeya oo ka farxad badan dhammaan baahinafeedda, raaxada, iyo hawada.

Waxaan isla rabaa oo aan ku la rabaa raalli ahaanshaha Ilaahay.

ERAYGA U DAMBEEYA

Waa erayga ugu dambeeya ee ay waajib tahay in aan ujeediyo kuwa ay qalbiyadoodu xaqa yaqiinsadeen, laakiin se ay middood dareemayso kala fogaanta fagaagga u dhexeeya waaqaca aan ku noolnahay iyo xaqa ay rumaysay, ee u janjeersanaysa ayada oo ka xun xaaladda ay ku nooshahay, Ilaahay ama dadkana ugu cudurdaaranaysa in ay u tabar weyday bootintaan dheer!

Waa sidaa, oo waxaa dadka ku jira koox ballaaran oo xaqa baalmaray oo rag iyo dumarba leh, baalmarkoodana ku ma ay sii dhajinayso oo u ma ay diidayso in ay xaalkooda hagaajiyaan wax aan ka ahayn waxa ay ujeedaan ee ah godka fog ee gunta dheer ee u dhexeeya wanaagga ay maqlaan iyo waaqaca ay ku nool yihiin.

Balse, tani waa suuraysi khaldan, oo waxa xaqa iyo baadilka ka la sooca waxa weeyaan dacalka ugu sokeeya baadilka iyo sallaanka ugu horreeya sallaannada xaqa, waxa u dhexeeyana waa milicsi yar iyo dhaqaaq fudud.

Xaqa aan ku soo caddaynay xaashiyihii hore ma aha gabagabo madax bannaan oo yuururta fiinta ugu sarraysa ee xaqa, balse xaqu waa jaranjaro sallaammo isu dhawdhaw leh, oo ay tan ugu horraysa ka billaabto dacalka baadilka aad ku dhex nooshahay, tan u dambaysana waxay taagan tahay dhammaadka dhammaystirnaanta ay shareecada Ilaahay iyo xukunkiisu kuu sii jiidayaan. Waxa keliya ee lagaa doonayo-marka aad ku baraarugtid xaqii aad rumaysay, waa in aad dhaqaaqdid adiga oo sallaannadiisa tafaya ee ma aha in aad hal mar u booddid halka ugu dambaysa.

Haddii aadan lahayn tabar iyo doonis ama duruuf saacidaysa waxa aad nafta ku diriqinaysid ee xijaabka jirka iyo wajigaba wada astura ah, waxaad nafta ku diriqsaa waxa aad awooddid ee intaa ka sokeeya ee ay duruufta iyo xaaladuhu ku gu saacidayaan. Haddii aadan hayn awood ku filan in aad dharkaaga iyo qaabkaaga doorisid si walba oo ay qallooc u yihiin uga na fog yihiin raalli ahaanshaha Ilaahay, waxaad nafta ku dirqisaa wixii intaa ka sokeeya ee leh gudashada cibaadada lagu gu faral yeelay, adiga oo u dhug leh macnihiisana subax iyo habeenba quraanka akhri. Haddii aadan u tabar hayn in aad xitaa isku xirtid qaddarkaa tubta hagaajinta ah, waxaad naftaada ku dirqisaa wixii intaa ka sokeeye ee leh in aad isdareensiisid xaaladda aad ku jirtid oo aad qalbi dhab ah oo cabsanaya aad Ilaahay ku magansatid adiga oo weydiisanaya kaalmo iyo awood. Sababtuna waa in magangelidda Ilaahay ee dhabta ah ay tahay guusha iyo waafajinta. Ma jiro qof Ilaahay xaggiisa u dhaqaaqa asaga oo ku bilaabaya tillaabooyinkaan midkood, si dhab ah oo ka go'naansho lehna Ilaahay xaggiisa ugu jihaysanaya, oo uusan Ilaahayna waafajin socoshada ilaa dhammaadka jidka iyo gaaridda barkulanka xaqa.

Waxaa musiibada oo dhan isku fuuqsaday in aad xaqa ogaatid oo aad rumaysid, deetana aadan xaggiisa hal tallaabo iyo go'aan toonna aadan u qaadin sidii in aanay arrintuba ku khusayn ama Weynihii xaqaan jideeyay ee amray aanay awooddiisu ku soo gaarayn oo aanay ciqaabtiisa iyo awooddiisu waxba ku yeelayn ama sidii oo ay aakhiro iyo arrimaheeda ka sahlan yihiin wax uu qofku uga tago wax uun naftiisu ay jeceshahay iyo hawooyinkiisa

Xaaladdaan oo kale waxaa loo tixgeliyaa in ay tahay sababta ugu weyn ee soo di'isa carada ilaahay, ciqaabtiisana soo dedajisa. Ciqaabta adduunkuna halkaan ugu ma jirto in ay tahay belo degdeg qof u halaagta e, waxay ka dhigan tahay gufaynta caqliga iyo qalbi engayg jeer aanay saamayn ku yeelanayn

waaninta, cabsigelinta iyo baraarujintu si walba oo
ay daliilladu u cad yihiin, digitaannnaduna u dhaw
yihiin. Jeerka ay geeridu timaaddanna waxay
dafaysaa asaga oo sidiisaa ah, waxa uuna Ilaahay la
hortagayaa asaga oo awdintaakiisii caqli iyo qalbi
engaygiisii ay isu beddeleen shallayto beerka
gubaysa xilli aanay shallaytadu waxba tarayn,
gadaalna aan sinnaba loo gu noqonayn.

Ilaahay cuquubadaan iyo sababteedaba waxa
uu ku tilmaamay weedhiisa:

$$\text{وَمَنْ أَظْلَمُ مِمَّن ذُكِّرَ بِآيَاتِ رَبِّهِ فَأَعْرَضَ عَنْهَا وَنَسِيَ مَا قَدَّمَتْ يَدَاهُ إِنَّا}$$
$$\text{جَعَلْنَا عَلَىٰ قُلُوبِهِمْ أَكِنَّةً أَن يَفْقَهُوهُ وَفِي آذَانِهِمْ وَقْرًا وَإِن تَدْعُهُمْ إِلَى}$$
$$\text{الْهُدَىٰ فَلَن يَهْتَدُوا إِذًا أَبَدًا ۝}$$

'Yaa ka dulmi badan [ma ay jirto cid ka dulmi badan] qof
lagu waaniyay aayadaha Ilaahay, deetana ka jeestay ee
illoobay wixii ay gacmihiisu hormarsadeen, waxaannuna
qalbigooda in ay wax fahmaan ka saaraynaa astur,
dhegahana culays, oo haddii aad hanuunka ugu yeertidna,
weligoodba hanuuni mayaan' [62]

Marba haddii aad Ilaahay rumaysan tahay,
shaki ku ma jiro in aad rumaysan tahay shareecadiisa
iyo maalinta aakhiro ee ah maalinta xisaabta iyo
abaalinta.

Waxyaabaha iimaankaas uu ina farayo waxaa ka

---

62 Suuradda al-Kahfi

mid ah: in hadalka aan buuggaan isu gu kaa dabadhigay aad fakarkaaga ka siisid booska dhabta iyo ahmiyad siinta. Markii aad hubsatid in aanan kugu dhagrin hadal baadil ah, hortaadana aanan keenin waxaan ka ahayn xaqiiqadii oo saafi ah oo ka tarjumaysa xukunkii Ilaahay, waxaa kugu waajibaya in aad u istaagtid sidii aad u fulin lahayd adiga oo si tartiib ah u wada. Haddii aad aragtid dabarrada adduunyada, hawadeeda, dhaqanka saaxiibbada iyo ehelka oo gadaal kuu sii jiidaya, kaa na horjoogsanaya u hinqashada amarka Ilaahay, ugu yaraan ha waayin in ay qalbigaaga qulqusho murugteedu, xanuunkeeduna uu kuu hoggaamiyo albaabka Ilaahay iyo xatabadaha naxariistiisa si aad ugu bandhigtid tabardarradaada oo aad ugu qayshatid adiga oo cabanaya in uu kuu hibeeyo awood iyo waafajin, uu na ku siiyo kaalmo aad ka ga xorowdid awoodda naftaada, awoodda dhaqanka iyo caadada, iyo awoodda qaraabada iyo saaxiibbada.

Haddii se aanu iimaankaagu kuu hinjin kan iyo kaaba, qalbigaaga feerahaaga ku dhex jirana uusan la dhaqaaqin wax uun saamoobid iyo ahmiyad siinta dhamman waxaan aan kaaga soo sheekeeyay ah, hadde ka shaki in aad rumaysan tahay jiritaanka Ilaahay, waxaadna ogaataa-haddii aad sidaan ku sii socotid, in aad ku wajahan tahay dhammaad cabsi leh oo aan lahayn fakasho iyo baxsi toonna.

Waxaad ogaataa in sakhradda adduunyadu si

walba oo ay u macaan tahay ay dhawdahay in ay ku gu soo kediso saacaddii miiraabidda iyo baraarugga, ayaduna Ilaahay baan ku dhaartay e waa ay kuu dhawdahay.

Waxaad ogaataa si walba oo uu dhadhankeedu u wanaagsan yahay in dhammaadkeedu leeyahay margasho xaq kaaga qaadaysa [oo aad ka dhimanaysid], Ilaahay baana ku dhaartaye waa ay ku gu soo food leedahay.

Haddana ogow, in aanay jirin barbaar maanta la gu imtixaamayo qurux aad ku kaakicisay ama aad laabtiisa ku mashquulisay adiga oo awooday in aad ka caymisid oo uusan Ilaahay berri si weyn kuu gu ciqaabayn.

Gabagabada buuggaan, waxaad xusuusataa wixii aan kugu baraarujiyay ee ahaa in haweenaydu ay tahay imitixaanka adduun ee gebi ahaanba ugu halis badan ee ninka la marsiiyo, waxaadna ka dhigtaa dhaqankaaga ku salaysan cabsida Ilaahay mid ninka ugu kaalmeeya jidka raalligelinta Ilaahay, ha na ka dhigin ku talaxtagidda caasinta Ilaahay mid ku caawisa ku socoshada jidka sheydaanka.

Ilaahay ayaa loo kaashadadaa hanuunka iyo waafajinta.